# GELD VERDIENEN MIT SCHREIBEN

## WIE DU EIN ERFOLGREICHES AUTOREN-BUSINESS AUFBAUST

Joanna Penn

Geld verdienen mit Schreiben:
Wie du ein erfolgreiches Autoren-Business aufbaust



Titel der englischen Originalausgabe:
How to Make a Living with Your Writing

ISBN: 978-1-913321-14-7

Herausgeber: Curl Up Press

www.CurlUpPress.com

Für alle Anfragen zu diesem Buch schicken Sie eine E-Mail an:
joanna@TheCreativePenn.com

# Inhaltsverzeichnis

# Ja, es ist möglich!

**Die beste Zeit, um vom Schreiben zu leben, ist jetzt!**

Das Internet macht es dir möglich, an ein weltweites Publikum zu verkaufen und mit dem Schreiben Geld zu verdienen und den Lebensstil zu finanzieren, den du dir wünschst. Wenn du es liebst, neue Dinge zu erschaffen und in die Welt hinauszuschicken, kannst du damit heute gut dein Geld verdienen. Wenn du bereit bist, verschiedene Fähigkeiten zu erlernen und dich an eine sich verändernde Umgebung anzupassen, kann das eine neue, aufregende Phase in deinem Leben sein.

In diesem Buch werde ich genau erklären, wie ich mit meinem Schreiben meinen Lebensunterhalt verdiene und wie du das auch erreichen kannst. Ich werde realistisch und praktisch sein, mit dem Ziel, dir brauchbare Ratschläge zu geben, die du selbst umsetzen kannst. Jedes Kapitel liefert Ideen, die du nutzen kannst, um alle Möglichkeiten weiter zu erforschen. Manchmal geht es nur darum, zu wissen, was es da draußen alles gibt, um dich auf den richtigen Weg zu bringen.

Dies ist kein Programm, um schnell reich zu werden.

Ich bin keine Kindle- oder Blogging-Millionärin. Aber ich werde dir zeigen, wie ich auf ethische Weise ein sechsstelliges Einkommen mit dem Schreiben von Büchern, Bloggen und Marketing erziele.

## Zuerst ein paar Zusammenhänge: etwas über meinen eigenen Weg

Ich habe ein Master-Studium in Theologie an der University of Oxford absolviert – nicht gerade das nützlichste Studium! Das führte zu einer Tätigkeit im Consulting und ich verbrachte die nächsten 13 Jahre damit, die Kreditorenbuchhaltung und das Bankwesen in großen Unternehmen sowie kleinen und mittleren Unternehmen in ganz Europa und im asiatisch-pazifischen Raum einzuführen. Ich war eine Sklavin der Büroarbeit und beschäftigte mich überhaupt noch nicht mit kreativer Arbeit.

Es gab viele Momente, in denen ich mich fragte, was mich dazu bewogen hatte, einen Job anzunehmen, der zwar gut bezahlt wurde, mich aber kreativ verkümmern ließ. Das Gehalt war sehr gut. Trotzdem kündigte ich alle paar Jahre und probierte etwas Neues aus.

Ich rief eine Online-Reiseplanungswebsite ins Leben, dann ein Tauch- und Charterbootgeschäft, dann versuchte ich es mit Immobilieninvestitionen und nahm mir auch Zeit für Reisen. Keine meiner Ideen funktionierte und ich musste jedes Mal, wenn mir das Geld ausging, wieder zum Consulting zurückkehren. Ich war unglaublich frustriert über meine scheinbare Unfähigkeit, sinnvolle Arbeit zu finden. Im Jahr 2006 wusste ich, dass ich etwas tun musste, um mein Leben zu verändern. Ich begann, Selbsthilfe-Bücher zu lesen, und beschloss, mein eigenes Buch über die Suche nach einem Job zu schreiben, den ich liebte.

Dieses erste Buch hat mein Leben verändert – nicht weil ich viele Exemplare verkaufte, sondern weil es mir eine neue Welt eröffnete.

Ich erlernte das Schreiben von Büchern und informierte mich über Self-Publishing, Online-Marketing, Blogging, Podcasting und Social Media. Ich fing an, Bücher, Produkte und Dienstleistungen online zu verkaufen. Ich begann eine Reise, die dazu führte, dass ich heute sowohl Sachbücher als auch Belletristik schreibe und professionell auf der ganzen Welt spreche. Im September 2011 ließ ich das Consulting hinter mir, um Vollzeit-Autorin und -Unternehmerin zu werden. Ich habe dieses erste Buch 2012 in *Career Change* umbenannt und umgeschrieben und es enthält alles, was ich gelernt habe, um meine berufliche Ausrichtung zu ändern.

Mein Unternehmen, The Creative Penn, begann klein und ich gebe zu, dass es im ersten Jahr ein paar wackelige Momente gab, aber es ist in den letzten Jahren in Bezug auf Reichweite und Einfluss, Einkommen und Anzahl wertvoller geistiger Eigentumsrechte gewachsen. Durch den Blog, den Podcast und meine Vorträge kann ich auch anderen helfen, ihre Träume vom Schreiben und Veröffentlichen zu verwirklichen.

Das ist eine wirklich sinnvolle Arbeit und ich fühle mich viel glücklicher dabei. Das ist letztendlich das Wichtigste. In den letzten Monaten sind einige Menschen in unserem Familien- und Freundeskreis gestorben oder krank gewesen. Diese tragischen Momente machen deutlich, wie wichtig es ist, jeden Tag in vollen Zügen zu genießen.

## Was willst du mit deinem Leben anfangen?

Du musst dir diese Frage selbst beantworten, denn das Leben ist viel zu kurz, um Dinge zu tun, die du hasst oder die dir nicht das Gefühl geben, wirklich lebendig zu sein. Wenn du gerne schreibst, hoffe ich, dass dir dieses Buch helfen wird, davon zu leben.

* * *

*Haftungsausschluss:* Ich bin keine Anwältin und dies ist keine Rechts-, Vertrags- oder Finanzberatung. Es handelt sich bei allen Aussagen in diesem Buch um meine Meinung und meine persönlichen Erfahrungen und ich kann keine rechtlichen, vertraglichen oder finanziellen Fragen beantworten.

# Wie ich mit Schreiben meinen Lebensunterhalt verdiene

In den letzten Jahren gab es eine Reihe von Umfragen, die das Durchschnittseinkommen von Autoren ausweisen. Die meisten liegen zwischen 5.000 und 30.000 US-Dollar pro Jahr.

Das würde ich nicht als „Auskommen“ bezeichnen.

Meiner Erfahrung nach muss man **mehrere Einnahmequellen** erschließen, wenn man einen angemessenen Lebensunterhalt verdienen will. Das ist es, was wir in diesem Buch besprechen werden, und so führe ich auch mein eigenes Unternehmen.

Folgende Aufschlüsselung gibt einen Überblick über mein sechsstelliges Einkommen:

**50 % – Belletristik- und Sachbuchverkäufe**, einschließlich E-Books, Print- und Hörbüchern, die auf mehreren Plattformen verkauft werden, damit ich nicht von einem einzigen Unternehmen finanziell abhängig bin. Die Verkäufe bestehen aus vielen Büchern in vielen Formaten auf vielen Plattformen, damit die anderen den Umsatz stabilisieren, wenn eines der Unternehmen einbricht.

**25 % – Affiliate-Kommission** von Produkten/Dienstleistungen anderer, die ich auf ethische Weise über meinen Blog verkaufe. Ich erhalte normalerweise etwa zwanzig verschiedene Affiliate-Zahlungen pro Monat.

**10 % – Verkauf** meiner eigenen Kurse über meine Website. Autoren haben schon immer einen Teil ihres Einkommens aus der Lehre bezogen und dies kann heutzutage mit diversen Online-Tools erweitert werden.

**10 %** – Honorare als **professionelle Sprecherin** von verschiedenen Unternehmen/Veranstaltungen

**5% – Consulting, Podcast-Sponsoring**

Diese Einnahmequellen gliedern sich in zwei Hauptbereiche:

A) Meine Bücher

B) Mein Blog bzw. meine Plattform, da ich mit diesen anderen Einnahmequellen nur etwas verdienen kann, weil ich auf TheCreativePenn.com ein Publikum habe, das ich durch Artikel, Videos und Podcasts in den letzten acht Jahren aufgebaut habe.

Dieses Buch ist in diese beiden Hauptbereiche unterteilt. Aber zuerst gibt es einige wichtige Prinzipien zu beachten.

# Die wichtigsten Grundsätze

Es gibt einige wichtige Grundprinzipien zu beachten, bevor wir in das Wesentliche des Buches einsteigen. Sie bilden den Rahmen dessen, was wir in den folgenden Kapiteln behandeln.

## (1) Betrachte dich selbst als Unternehmer

Ich weiß, dass viele Autoren Probleme mit dem Begriff „Unternehmer" haben, weil es wie ein Silicon-Valley-Wort klingt, das von Kunst weit entfernt ist. Doch betrachte es einmal anders.

**Unternehmer kreieren Werte aus Ideen.**

Wenn du dem zustimmst, dann sind Schriftsteller die ultimativen Unternehmer, denn wir nehmen unsere Ideen und erstellen E-Books, Printbücher, Hörbücher, Skripte und viele andere Dinge damit: Wir nehmen Worte und verwandeln sie in Wert. Dieser Wert kann darin bestehen, den Lesern Unterhaltung, Informationen oder Inspiration zu bieten, und in Bezug auf Einkommen schafft er einen Wert für dich als Urheber.

Sobald du deine eigene Rolle als Unternehmer neu definierst, wird es viel einfacher für dich sein, einige der Ideen in diesem Buch zu akzeptieren. Natürlich musst du neue Fähigkeiten erlernen, aber das gilt für alles im Leben, und Unternehmer blühen bei neuen Herausforderungen so richtig auf!

## (2) Fokussiere dich auf die Schaffung eines skalierbaren Einkommens

In den meisten durchschnittlichen Berufen arbeitest du eine bestimmte Anzahl von Stunden und wirst für diese Stunden bezahlt. Wenn du nicht arbeitest, wirst du nicht bezahlt oder irgendwann entlassen, weil du deinen Teil des Vertrags nicht eingehalten hast. Deine Arbeit ist nicht skalierbar, da du einmalig für die Stunden bezahlt wirst, die du arbeitest. Du bekommst diese Zeit nie wieder zurück.

**Bei einem skalierbaren Einkommen kreierst du etwas nur einmal und verkaufst es immer wieder.**

Angenommen, du verbringst ein Jahr lang deine Abende und Wochenenden damit, ein Buch zu schreiben. Diese Zeit wendest du einmal auf, aber von diesem Buch kannst du nicht nur ein Exemplar, sondern hundert, tausend oder sogar eine Million verkaufen. Das Buch kann auch während der gesamten Lebenszeit des Autors und sogar noch 70 Jahre nach seinem Tod Geld einbringen: Dies ist die derzeitige Gültigkeitsdauer des Urheberrechts. Auf diese Weise wendest du deine Zeit nur einmal auf, erhältst aber noch viele Jahre lang ein Einkommen aus dieser Zeit.

**Wir sprechen von der Schaffung von Vermögenswerten geistigen Eigentums, die über viele Jahre hinweg für Einkommen sorgen werden.** Vielleicht kommt es zunächst jeden Monat nur tröpfchenweise herein, aber mit der Zeit wird es schneller laufen, wenn du deinem Portfolio mehr hinzufügst.

Denke darüber nach, wie du deine Einnahmequellen von stundenweiser Bezahlung auf skalierbare Vermögenswerte verlagern kannst.

Die meisten von uns brauchen am Anfang ein Gleichgewicht zwischen beiden Optionen, da wir einen sofortigen Cashflow benötigen, um die Rechnungen zu bezahlen. Sieh deine Zeit dennoch als kostbar an, wenn du dich zum Arbeiten hinsetzt.

Ist das, was du tust, skalierbar?

Bei mir hat sich diese Gewichtung über mehrere Jahre hinweg verschoben. Als ich 2007 anfing, Bücher zu schreiben, betrug mein skalierbares Einkommen 0 %, weil ich einen Brotberuf hatte und nur für die Stunden bezahlt wurde, die ich arbeitete. Ich verbrachte fast vier Jahre damit, abends und am Wochenende zu schreiben, während ich weiterhin in meinem Brotberuf arbeitete, wobei ich die Anzahl meiner Bücher und Produkte stetig erhöhte und dadurch meine prozentuale Verteilung im Laufe der Zeit änderte.

Mein skalierbares Einkommen liegt bei rund 80 %. Ich mache immer noch einige nicht skalierbare Arbeiten, wie z. B. Vorträge und Consulting, die für einen kurzfristigen Cashflow sorgen (den brauchen wir alle!), aber ich versuche, mich die meiste Zeit auf die Schaffung skalierbarer Vermögenswerte zu konzentrieren.

## (3) Erschließung mehrerer Einnahmequellen

Machen wir eine kleine Zeitreise zurück zum Februar 2008, als ich in einer großen IT-Abteilung eines Bergbauunternehmens in Australien arbeitete.

Die weltweite Finanzkrise schlug zu und an einem einzigen Tag wurden 400 Mitarbeiter entlassen. Unser Manager kam mit einem Stapel Papieren herein, verteilte sie und verabschiedete sich. Danach strampelten wir uns alle ab, um neue Arbeit zu finden. Zu diesem Zeitpunkt in meinem Leben war mein Job meine einzige Einnahmequelle, und auf einen Schlag wurde mir alles weggenommen. Ich beschloss damals, mich nie wieder auf ein einziges Unternehmen als Einnahmequelle zu verlassen.

Nichts ist stabil, Unternehmen schon gar nicht.

Viele Menschen hatten 2008 eine ähnliche Erkenntnis. Es war ein Warnsignal dafür, sich mehrere Einnahmequellen zu erschließen, so dass man nicht auf einen Job oder ein Unternehmen angewiesen sein würde.

Dies trifft ebenso zu, wenn du mit dem Schreiben deinen Lebensunterhalt verdienen willst. Es ist wichtig sicherzustellen, dass du mehr als eine Einnahmequelle hast. Wenn du auf einen einzigen Verlag, Self-Publishing-Dienstleister, Kunden oder ein einziges Produkt bzw. Buch angewiesen bist, wirst du dich irgendwann wahrscheinlich in Schwierigkeiten befinden.

## (4) Denke global, digital und mobil

Viele Schriftsteller konzentrieren sich darauf, lokal zu verkaufen, in einer Buchhandlung in ihrer Stadt, oder für Medien zu schreiben, die die Menschen in ihrem Umfeld kennen. Aber wir leben in einer sich schnell verändernden Welt und die weltweite Internetpräsenz wächst jeden Tag. Die Technologie ermöglicht es uns heute, an Menschen auf der ganzen Welt zu verkaufen und zu vermarkten.

Wenn du vom Schreiben leben willst, erweitere deinen Horizont, denn dein zukünftiges Einkommen wird wahrscheinlich aus dem Rest der Welt kommen, nicht aus deiner lokalen Buchhandlung. Ein Buch, das deine Wahrnehmung in dieser Hinsicht verändern wird, ist *Überfluss: Die Zukunft ist besser, als Sie denken* von Peter Diamandis und Steven Kotler. Oder besuche mal:

www.SingularityHub.com.

## (5) Entscheide dich für deine Definition von Erfolg

In diesem Buch geht es darum, wie du mit Schreiben deinen Lebensunterhalt verdienen kannst. Die Definition von *Lebensunterhalt* wird aber sehr unterschiedlich sein, abhängig von deiner Lebenssituation und dem, was du benötigst, um deine monatlichen Ausgaben zu decken. Ziehe dabei Folgendes in Betracht:

- Wie hoch ist dein Haushaltseinkommen im Moment?
- Wie hoch sind deine Haushalts- und anderen monatlichen Ausgaben?

- Was bist du bereit zu ändern oder zu opfern, um deine Situation zu ändern?
- Wie viel brauchst du wirklich zum Leben? Zum Beispiel ziehen viele Schriftsteller in eine billigere Stadt, um ihre Ausgaben zu reduzieren.
- Wie lange bist du bereit zu warten, bis du die Änderung vornimmst?

Es ist wichtig, diese Fragen zu berücksichtigen, denn wenn du nicht weißt, was deine Definition von Erfolg ist, wie kannst du dann wissen, ob du es schaffen wirst und wie du dorthin gelangst?

> **Schreibe deine Definition von Lebensunterhalt auf** und wie viel du mit deiner Schriftstellerei im nächsten Jahr und den folgenden fünf Jahren verdienen willst.

Tu es – und fordere dich selbst dabei heraus!

Da wir insbesondere über Bücher sprechen werden, **musst du auch entscheiden, wie deine Schreibkarriere aussehen soll**, da dies bestimmt, was du schreibst, wie du es veröffentlichst und was du hinsichtlich des Marketings tust.

## Es gibt zwei Extreme auf der Erfolgsskala für Autoren

Am einen Ende befindet sich E. L. James mit *Shades of Grey*, die in einem einzigen Jahr 95 Millionen Dollar mit Buchverkäufen und Filmverträgen verdiente. Ihre Bücher haben sich über 100 Millionen Mal verkauft. Nicht viele Leute würden sagen, dass *Shades of Grey* großartige Literatur ist – aber die Leser lieben ihre Bücher und sie kann damit ganz sicher ihren Lebensunterhalt bestreiten!

Am anderen Ende steht der Wunsch, den Booker Prize oder den Pulitzer-Preis oder andere Literaturpreise zu gewinnen, bei denen es darum geht, Anerkennung von den Kritikern zu bekommen – statt Geld. Natürlich bekommst du auch *etwas* Geld. Der Gewinner des Man Booker Prize erhält 50.000 Pfund. Das mag manchen Leuten wie viel Geld erscheinen, aber es ist nichts im Vergleich zu E. L. James, und als jährliches Einkommen ist es nicht viel, wenn man fünf Jahre gebraucht hat, um das Buch zu schreiben.

Du musst also diese beiden Extreme für dich selbst gegeneinander abwägen: **literarischer Erfolg vs. kommerzieller Erfolg**, Anerkennung der Kritiker vs. Anerkennung der Leser, die deine Bücher in großen Mengen kaufen, und das damit verbundene Einkommen.

Die meisten Autoren werden sagen, dass sie irgendwo in der Mitte sein wollen. Sie wollen ein wirklich gutes Buch schreiben, das nicht nur den Kritikern gefällt, sondern auch ein kommerzieller Erfolg wird. Aber das ist sehr schwierig und führt dazu, dass viele Schriftsteller ein unterdurchschnittliches Einkommen erzielen. Unterhaltungsliteratur verkauft sich im Allgemeinen viel besser als literarische Werke, aber Unterhaltungsliteratur wird dir wahrscheinlich keinen Preis einbringen, jedenfalls nicht in den wichtigsten literarischen Bereichen.

**Es geht wirklich darum, zu überlegen, was dir wichtig ist** und wie du diesen Erfolg messen wirst.

# Tipps zum Schreiben und zur Produktivität

Dies ist kein Buch darüber, wie man ein guter Schriftsteller wird, aber es ist trotzdem wichtig, über Produktivität zu sprechen – wie du deine Bücher tatsächlich produzierst –, denn das ist der eigentliche Kernpunkt. Man kann nicht von seiner eigenen Schriftstellerei leben, wenn man nicht tatsächlich schreibt. Und während das Schreiben manchen vielleicht einfach erscheint und auch Spaß machen kann, ist es wirklich harte Arbeit! Meiner Meinung nach ist es der beste Job der Welt (für mich), aber er eignet sich nicht für jeden.

Dies sind meine Tipps, wie du produktiver wirst:

## (1) Routine und Schreibgewohnheiten kreieren

Jeder Schriftsteller ist anders, aber jeder Profi-Autor hat auch eine Art von Routine, um seine Worte zu Papier zu bringen. Nenne es Disziplin, wenn du willst; du kannst es aber besser als Gewohnheit betrachten. Gewohnheiten sind Dinge, die man tut, ohne darüber nachdenken zu müssen, ob man sie tut oder nicht. Zum Beispiel das Zähneputzen, das du wahrscheinlich jeden Tag zur gleichen Zeit machst.

In meinen ersten vier Jahren als Buchautorin und Bloggerin hatte ich auch eine anspruchsvolle Haupttätigkeit als

IT-Beraterin. Da ich am Ende des Tages zu erschöpft war, stand ich um 5 Uhr morgens auf und schrieb, *bevor* ich zur Arbeit ging. Ich nahm mir auch am Wochenende Zeit zum Schreiben. Abends beschäftigte ich mich mit meiner Website, meinem Podcast und Social Media, vernetzte mich mit anderen Autoren und baute meine Online-Plattform auf. Auf diese Weise schrieb ich mehrere Sachbücher und auch meine ersten drei Romane.

**In mancher Hinsicht ist es einfacher zu schreiben, wenn man einen Hauptberuf hat.**

Deine Zeit ist begrenzt, also musst du das Beste aus dem Wenigen machen, das du zur Verfügung hast, und du willst in dieser Zeit unbedingt etwas erreichen. Für die finanzielle Seite ist gesorgt und dadurch stehst du weniger unter Druck. Aber du liest das hier wahrscheinlich, weil du dich verändern willst!

Ich wurde im September 2011 Vollzeit-Autorin und -Unternehmerin und im ersten Jahr war es schwierig, eine Routine zu finden. Nach 13 Jahren Pendlerdasein und Büroarbeit fiel es mir schwer, mich daran zu gewöhnen, alleine zu Hause zu arbeiten. Ich löste das Problem, indem ich Mitglied einer Bibliothek wurde, mit dem Zug in die Stadt fuhr, dann zu „Bürozeiten" arbeitete und mich mit anderen Autorenfreunden, von denen ich die meisten auf Twitter kennenlernte, zum Mittagessen oder Kaffeetrinken traf.

Du wirst experimentieren müssen, um herauszufinden, was für dich funktioniert, aber meine eigene Routine läuft folgendermaßen ab:

Ich bin ein Frühaufsteher, also muss ich morgens kreativ arbeiten und mich dann nach 14 Uhr Marketing- und Verwaltungsaktivitäten zuwenden. Ich schreibe auch meine Sachbücher oder Blogposts am Nachmittag. Am Abend entspanne ich mich.

**Finde heraus, was deine kreativste Zeit ist,** und nutze sie für die Rohfassung von neuem Material.

Kreativ sein kann geistig anstrengend sein. Insbesondere das Schreiben von Belletristik kann dich ziemlich auslaugen, **daher ist es wichtig, genügend Schlaf zu bekommen**. Ich schlafe normalerweise 8 Stunden pro Nacht, nach einem anstrengenden Schreibtag manchmal sogar 10 Stunden. Unser Gehirn sorgt für unseren Lebensunterhalt, also müssen wir gut dafür sorgen.

Meist schreibe ich neue Dinge nicht an meinem Schreibtisch, weil ich diesen auch für Podcasting, Buchhaltung und andere Dinge verwende. Also **schreibe ich in Bibliotheken oder Cafés** und benutze dort immer meine Kopfhörer. Ich höre mir Regen- und Gewittergeräusche in einer Endlosschleife an, drehe die Lautstärke auf und beginne zu schreiben.

**Trage dir die Zeit zum Schreiben als Termin in deinen Kalender ein und halte dich daran**, wie du es bei jedem anderen Termin tun würdest. Wenn du denkst, dass du nicht genug Zeit hast, dann schau dir im Kalender an, was du streichen kannst, um Zeit zu schaffen. Du wirst einen Weg finden, wenn du wirklich schreiben willst. Es geht darum, zu überlegen, wozu du deine Energie einsetzen möchtest. Du bekommst, worauf du dich konzentrierst.

## (2) Das richtige Handwerkszeug für die Arbeit finden

Als Autoren haben wir großes Glück, denn wir brauchen nur wenige Hilfsmittel, die im Vergleich zu denen anderer Unternehmen billig sind. Ich leitete kurzzeitig eine Tauchschule in Neuseeland und die Kosten waren enorm. Wir hatten ein Boot und jede Menge Tauchausrüstung, ganz zu schweigen von den Kosten für Treibstoff, Versicherung, Löhne, Essen usw. Heutzutage brauche ich nur noch einen Laptop und eine Internetverbindung!

Ich habe ein MacBook Pro und benutze es zum Schreiben sowie zum Erstellen von Videos, Podcasts, E-Mails und für die üblichen administrativen Dinge. Der erfahrene Profi-Autor Dean Wesley Smith empfiehlt, einen separaten Computer zum Schreiben zu verwenden, damit du dich ohne Ablenkung aufs Schreiben konzentrieren kannst, aber ich habe das durch einen Ortswechsel geschafft. Wenn du dich jedoch der süchtig machenden Anziehungskraft des Internets während des Schreibens nicht entziehen kannst, ist es vielleicht eine gute Idee, ein simples Gerät zum Schreiben zu verwenden und das Internet zu deaktivieren. Schalte auch dein Handy aus!

Das andere Hilfsmittel, ohne das ich mich schwertun würde, ist die Scrivener-Software. Ich benutze sie nicht nur, um mir die Handlung meiner Romane auszudenken und zu strukturieren, sondern auch um zu schreiben und meine Bücher zu organisieren bzw. zu verwalten. Es ist eine unglaublich leistungsstarke Software, und wenn du alles aus ihr herausholen möchtest, empfehle ich dir den Kurs *Learn Scrivener Fast*, den du unter www.TheCreativePenn.com/scrivener findest.

## (3) Den Unterschied zwischen Rohfassung und überarbeitetem Text verstehen

Wörter strömen nicht perfekt aus den Fingerspitzen eines Schriftstellers, jedes Wort genau so, wie es in der endgültigen Fassung sein wird. Schriftsteller schreiben in der Regel eine Rohfassung, eine Sintflut von Wörtern und Ideen, die andere definitiv NICHT sehen werden. Sie verbringen danach so lange Zeit mit dem Umschreiben, Redigieren und Polieren, bis das Manuskript für die Öffentlichkeit bereit ist. Ich habe festgestellt, dass das für Blogposts und Artikel genauso gilt wie für Bücher.

Sicher, es gibt einige Ausnahmen, aber diese Erkenntnis hat mich ausreichend befreit, um endlich meine Bücher zu schreiben. Ich empfehle dir, Anne Lamotts Buch *Bird by Bird – Wort für Wort* zu lesen, in dem sie erklärt, dass man „lausige erste Entwürfe schreiben muss“. Danach überarbeitet man sie!

Denke daran, dass du eine leere Seite nicht redigieren kannst. Fange also einfach an, die Seite zu füllen. Das Überarbeiten kommt später.

## (4) Den Kreativbrunnen füllen und darauf vertrauen, dass etwas auftaucht

Wenn du dir deinen Lebensunterhalt mit Schreiben verdienen willst, müssen die Ideen ständig fließen, die du dann für dein nächstes Projekt verwenden kannst. Ich erinnere mich noch, dass mir das anfangs unmöglich erschien. Aber ich versichere dir, sobald der Ideenfluss einmal begonnen hat, werden dir die Ideen nie mehr ausgehen. Das Problem wird darin bestehen, diese Ideen in Worte und fertige Produkte umzusetzen.

Wie bringt man also die Ideen zum Fließen?

Für mich dreht sich alles um das Recherchieren – sei es online oder in Büchern. Ich besuche aber auch gerne fremde Orte, tauche in neue Erfahrungen ein und gebe der Synchronizität eine Chance. Oft finde ich in Museen Dinge, die in meinen Büchern landen. Vielleicht bin ich auch auf einer Veranstaltung und mir kommt eine Idee, oder mir fällt etwas ein, wenn ich fernsehe oder mir einen Film ansehe.

Zum Beispiel habe ich mir einmal einen Dokumentarfilm über Meereskreaturen angesehen und mich gefragt, wie man mit Hilfe von Biohacking die menschliche Haut der eines Hais ähneln lassen kann. Ich habe diesen Gedanken aufgeschrieben. Es besteht in einem solchen Moment keine Notwendigkeit, etwas damit anzufangen, also notiere ich es einfach und vertraue darauf, dass ich ein anderes Mal vielleicht darauf zurückkommen werde. Vielleicht aber auch nicht. Es spielt keine Rolle. Sich jedoch an den Prozess zu gewöhnen, Ideen aufzuschreiben, wenn sie aufkommen, setzt den Ideenfluss in Gang.

**Vertraue deiner Neugierde und schreibe alles auf.**

Ich benutze die Things-App auf dem iPhone, das mit meinem Mac synchronisiert wird, und ich habe einen speziellen Ordner für Ideen, in dem ich nur ein oder zwei Zeilen pro Idee aufschreibe. Ich habe auch angefangen, Evernote zu benutzen. Du kannst ein Notizbuch oder eine andere App verwenden, aber du brauchst definitiv eine

Möglichkeit, deine Gedanken aufzuschreiben, damit du sie später durchgehen kannst.

Wenn ich schreibe, kommen Ideen aus meinem Unterbewusstsein hoch, die oft auf Dinge zurückgehen, die ich vor Jahren gesehen oder erlebt habe. In meinem ARKANE-Thriller *Gates of Hell* schrieb ich über Safed, eine kleine Stadt in Israel, die ich schon 1990 besucht hatte. Sie tauchte irgendwie in der Geschichte auf und ich schrieb aus meinen Erinnerungen heraus, natürlich mit der Hilfe von Google!

Ich glaube nicht an Schreibblockaden. Ich denke, sie sind nur ein Symptom dafür, dass die kreative Quelle ausgetrocknet ist. Mehr dazu in meinem Buch *The Successful Author Mindset* (deutsche Ausgabe: *Mindset für Autoren*). Aber im Moment solltest du deinen Kreativbrunnen füllen, dich auf deine Neugierde konzentrieren und dann zum Schreiben zurückkehren.

## (5) Deine Stimme finden, indem du schreibst, schreibst, schreibst

Hier ist eine Frage, über die du nachdenken solltest.

Wenn jemand 10 Bücher schreibt, welches Buch wird wohl das beste sein? Nummer 1 oder Nummer 10?

Ich hoffe, die Antwort ist offensichtlich, denn mit Praxis und Erfahrung verbessern sich alle Aspekte des Schreibens.

Aber so viele Schriftsteller sind von ihrem ersten Buch besessen und verbringen Jahre damit, es zu schreiben, zu redigieren und zu polieren, ohne mit dem nächsten weiterzumachen. Wir alle haben Selbstzweifel, wir alle leiden unter Versagensangst und Angst vor Verurteilung.

Das hört nie auf, selbst nicht bei den erfahrensten Schriftstellern, habe ich mir sagen lassen.

Das Beste, was man tun kann, ist, erst ein Buch zu schreiben, dann ein weiteres und noch eins und noch eins. Arbeite mit einem professionellen Lektor an jedem Buch und lerne aus der Erfahrung. Du wirst dich jedes Mal verbessern. Lies viel und lerne von anderen Autoren. Übe Schreibtechniken, während du schreibst, und konzentriere dich in jedem Buch auf andere Aspekte.

Und schließlich solltest du nicht vergessen, dich dabei zu entspannen und Spaß zu haben! Früher habe ich mich selber sehr ernst genommen, aber heute versuche ich, Freude am Schreiben zu haben. Dies ist nicht Krieg und Frieden. Niemand wird sterben (außer vielleicht in deinen Geschichten).

Konzentriere dich darauf, deine Leser zu unterhalten, zu informieren oder zu inspirieren, und schreibe ganz einfach mehr.

# Tipps zum Mindset

Dieses Buch konzentriert sich hauptsächlich auf die praktische Seite beim Verdienen des Lebensunterhalts, aber es gibt auch einige wichtige Überlegungen zum Mindset, wenn du erfolgreich sein willst. Ich gehe in *The Successful Author Mindset* (deutsche Ausgabe: *Mindset für Autoren*) noch viel ausführlicher darauf ein; hier folgt nur ein Überblick.

## (1) Eine positive, proaktive „Ich kann das"-Einstellung bewahren

Niemand kann dir eine genaue Vorlage dafür geben, wie du alles machen solltest. Du kannst dieses Buch und viele andere lesen, aber irgendwann musst du mit dem Schreiben loslegen. Es ist leichter, etwas in der Praxis zu erlernen, als darüber zu lesen. Experimentiere mit den Publishing-Websites, mit WordPress, mit Social Media.

Nimm es alles nicht zu ernst!

Scheue dich nicht, zu experimentieren und Risiken einzugehen. Ja, irgendwann wird jemand oder etwas dich niederschmettern. Du wirst scheitern. Dann steh einfach wieder auf und versuche es noch einmal. Auf diese Weise wirst du das Durchhaltevermögen entwickeln, das jeder Schriftsteller braucht. Denn du *wirst* Kritik und Negativität erleben. Das ist unvermeidlich.

Einige Beispiele:

- Kommentare aus deiner Schreibgruppe oder deinem Buchclub, in dem niemand seinen Lebensunterhalt als Schriftsteller verdient: „Warum schreibst du in diesem Genre?“ oder „Ich mag diese Figur nicht“, ohne jegliche Verbesserungsvorschläge.

- Kommentare deiner Familie, deines Partners, deiner Freunde, deiner Arbeitskollegen: „Aber du kannst doch gar nicht schreiben, du hast noch nie etwas geschrieben“ oder <füge hier deine Lieblingskritik ein>.

- Rezensionen mit nur einem Stern auf Amazon oder Goodreads: „Das ist das schlechteste Buch, das ich je gelesen habe.“

Du kannst der Kritik nicht ausweichen, Du kannst nur versuchen, die Stürme zu überstehen, indem du eine positive Einstellung beibehältst.

## (2) Konzentriere dich auf DEINE Definition von Erfolg und ignoriere die von allen anderen

Das ist wichtig, da du dich sonst möglicherweise vom Kurs abbringen lässt, um etwas nachzujagen, das nicht deinen eigenen Wünschen entspricht. Es passiert schnell, dass man sich verleiten lässt, etwas zu tun, was man weder will noch braucht, nur weil andere Leute sagen, dass man es tun muss.

Vor einigen Jahren besuchte ich ein Literaturfestival und war verärgert, als einige Autoren mich vor den Kopf stießen, nur weil ich eine Indie-Autorin war und meine Bücher selbst veröffentlichte. Ich nahm einige der Kommentare der Redner persönlich und kam mir vor wie eine Versagerin. Und das nur weil ich keinen Verleger hatte und nie mit meinen Idolen auf der Bühne sprechen würde.

Ich hätte die Richtung ändern und mich darauf konzentrieren können, mehr literarische Bücher zu schreiben. Aber dann überdachte ich meine eigene Definition von Erfolg. Ich konzentriere mich lieber darauf, einen freien Lebensstil zu genießen und meinen Lebensunterhalt mit Schreiben verdienen zu können sowie direkte Beziehungen zu Lesern aufzubauen. Die Autoren auf der Bühne hatten meist Brotberufe und veröffentlichten nur alle paar Jahre ein Buch. Sie standen kurz im Rampenlicht, aber sie lebten nicht das Leben, das ich leben wollte.

Ich konzentrierte mich wieder auf mein Schreiben und Self-Publishing. Ein paar Jahre später sprach ich auf demselben Festival – als Indie. Mit meinem Erfolg als Selbstverlegerin habe ich auch einen Literaturagenten angezogen.

Also, notiere dir deine Definition von Erfolg und hänge sie sichtbar in der Nähe deines Schreibtisches auf!

## (3) Finde eine Gruppe Gleichgesinnter und denke an soziales Karma

Es ist wichtig, eine Gemeinschaft von Autoren zu finden, die dir in schwierigen Zeiten zur Seite steht und von der du lernen kannst. Es wird immer Menschen geben, die dir voraus sind, und solche, die hinter dir zurückliegen. Wir alle müssen auf dem Weg nach oben großzügig sein und anderen helfen.

Du solltest Blogs lesen und deine Online-Mentoren finden. Lies die Bücher anderer Autoren, sowohl über das Schreiben als auch über die Branche, aber auch einfach aus Freude am Lesen. Schließe dich einer Facebook-Gruppe mit Menschen an, die eine positive Einstellung haben. Umgib dich mit Leuten, die gerne schreiben, und lasse dich nicht auf sinnlose Diskussionen ein.

Tritt einer professionellen Organisation wie der Alliance of Independent Authors bei. Deren Facebook-Gruppe ist sehr hilfreich; du wirst dort immer nützliche Antworten auf deine Fragen erhalten. Über soziale Medien kannst du eine Verbindung mit Lesern aufbauen, aber sie eignen sich auch hervorragend dazu, Freunde zu finden und mit Autoren auf der ganzen Welt in Kontakt zu treten. Einige meiner besten Freunde sind Leute, die ich auf Twitter getroffen habe, und jetzt sehen wir uns auch im wirklichen Leben.

Bei sozialem Karma geht es um Großzügigkeit: die Blogposts anderer Leute teilen, über die Bücher anderer Leute sprechen und auf Goodreads eine Rezension schreiben. Es geht darum, das zu geben, was du selbst erhalten möchtest, ohne zu erwarten, dass du es auf genau die gleiche Weise zurückbekommst. Durch diese positive Energie erhältst du dir deine engagierte Einstellung und ziehst andere Menschen an. Es ist einfach eine glücklichere Art zu leben!

## (4) Lerne ständig weiter und stelle dich auf Veränderungen ein

Dieses Buch berührt nur die Oberfläche und du musst viel lernen, wenn du mit dem Schreiben erfolgreich sein und Geld verdienen willst. Veränderungen kommen immer schneller auf dich zu, weil jede Woche neue Tools und Möglichkeiten zur Verfügung stehen. Wenn du auf dem Laufenden bleiben willst: Ich teile viele Neuigkeiten und Geschichten auf Twitter @thecreativepenn und spreche auch über größere Themen im *The Creative Penn*-Podcast. Ich empfinde Audio als eine der besten Möglichkeiten, positiv und motiviert zu bleiben. Wenn du anderen Autoren zuhörst und von ihnen lernst, wirst du feststellen, dass dein eigener Weg klarer wird.

Okay, jetzt machen wir mit den praktischen Dingen weiter! Im nächsten Abschnitt findest du heraus, wie du mit Büchern Geld verdienen kannst.

# Teil 1:
# Wie man mit Büchern Geld verdient

# 1.1 Es ist nicht nur ein Buch!

Dieser Abschnitt bespricht, wie du mit dem Schreiben von Büchern Geld verdienst. Wir betrachten Rechte und deine Veröffentlichungsmöglichkeiten und ich gebe Tipps, wie du dein Einkommen auf diese Weise maximieren kannst.

Zuerst möchte ich über die Magie der Buchveröffentlichung sprechen, denn diese Magie kann dein Leben verändern und ist unglaublich aufregend!

Das ist wirklich wichtig, denn viele Autoren denken, dass sie, wenn sie ein Manuskript fertigstellen, nur ein einziges Buch zum „Vorzeigen" haben. Aber eigentlich ist es viel, viel mehr als das. Sobald der Groschen fällt und du verstehst, wie das Geschäftsmodell funktioniert, wirst du auch begreifen, wie du auf diese Weise deinen Lebensunterhalt verdienen kannst und warum Verlage schicke Büros in New York und London haben.

## Verlage sind keine Wohltätigkeitsorganisationen

Sie veröffentlichen keine Bücher, um Autoren zu helfen, sondern um Geld zu verdienen. Ja, die meisten Menschen, die im Verlagswesen arbeiten, lieben Bücher wirklich, aber der Verlag selbst ist ein Unternehmen.

Im Folgenden erfährst du, wie Rechte funktionieren und wie aus einem Manuskript mehrere Produkte und Einnahmequellen entstehen können. Dies ist erst einmal ein Überblick, da ich in den folgenden Kapiteln näher darauf eingehen werde, wie man jede einzelne Quelle kreiert.

Jetzt, wo dein Manuskript fertig ist, wenden wir uns erst einmal **E-Book-Ausgaben** zu. Du kannst E-Books in den größten Online-Geschäften verkaufen: Kindle, iBooks, Kobo und Nook. Du kannst aber auch bei Smashwords, Scribd, Tolino und vielen anderen weltweit operierenden Einzelhändlern verkaufen. Es tauchen jeden Tag mehr auf, da digitales Lesen immer beliebter wird.

Außerdem kannst du eine **Printausgabe** erstellen. Print-on-Demand-Technologie bedeutet, dass du nicht mehr im Voraus zahlen oder hunderte Bücher lagern und versenden musst. Du kannst Dienste wie KDP Print, IngramSpark oder BoD nutzen, um Dateien hochzuladen und deine Printbücher online über Amazon, Tolino und viele andere Online-Buchhandlungen zum Verkauf anzubieten. Wenn ein Kunde das Buch bestellt, wird ein Exemplar gedruckt und direkt an ihn geschickt, und du erhältst die von dir festgelegte Gewinnspanne.

Weiterhin kannst du eine **Hörbuchausgabe** haben, die du selbst in Auftrag geben kannst, wobei du dir die Tantiemen mit den Sprechern teilen kannst.

> Multipliziere diese verschiedenen Ausgaben nun mit der Anzahl der Märkte in Ländern oder Gebieten, in denen du veröffentlichen kannst.

Viele Autoren verkaufen Bücher nur im eigenen Land, aber als unabhängiger Autor kannst du in 190 Ländern verkaufen. Bisher habe ich meine englischsprachigen Bücher in 84 Ländern verkauft, und aus dem anfänglichen Tröpfeln dieser Einnahmequellen wird langsam ein Strom.

Du kannst mit mehreren Formaten in mehreren Ländern beginnen, aber es gibt noch andere Möglichkeiten, wenn du dich als Autor stärker etabliert hast.

**Du kannst deine Rechte in jeder Sprache vervielfachen.** Ich habe, außer in Englisch, derzeit E-Books und Printbücher in Deutsch, Italienisch und Spanisch.

Es gibt auch Nebenrechte, z. B. **Film und Fernsehen oder Bühnenadaptionen**. Wenn du Kurzgeschichten schreibst, könnte es eine **Anthologie** geben, und du kannst die Rechte für eine **Sammlung** zurückerhalten.

Du fühlst dich jetzt vielleicht etwas überwältigt, aber es geht darum, dir zu zeigen, dass sich ein Manuskript durch die Macht des geistigen Eigentums in mehrere Einnahmequellen verwandeln kann. Wenn du weitere Bücher schreibst, vervielfacht sich die Anzahl der Einnahmequellen immer weiter.

Hoffentlich verstehst du jetzt, warum Verlage an deinem Werk interessiert sein könnten!

Die nächsten Kapitel gehen kurz auf die **Vor- und Nachteile deiner Veröffentlichungsmöglichkeiten** ein und erläutern, wie sie sich auf deine Fähigkeit auswirken können, mit dem Schreiben Geld zu verdienen.

## 1.2 Deine Veröffentlichungsmöglichkeiten: Verlagsveröffentlichung

Wenn Menschen mit dem Schreiben ihren Lebensunterhalt verdienen wollen, denken sie oft als Erstes daran, einen traditionellen Verlagsvertrag zu bekommen, denn das ist der Traum und in vielen Fällen der Mythos der Buchbranche. Wir hören immer wieder Geschichten von Ausreißern, die erstaunlichen Erfolg hatten.

Aber ein Artikel in *The Guardian UK* im Juni 2018 meldete, dass das Durchschnittseinkommen professioneller Autoren mit rund 10.500 Pfund (ca. 12.000 Euro) unter den Mindestlohn fällt. Und es wird oft davon berichtet, dass von einem durchschnittlichen Buch weniger als 500 Exemplare verkauft werden, was kaum für ein nachhaltiges Einkommen ausreicht. Natürlich verdienen die Autoren, die zum obersten Prozent gehören und die du namentlich kennst, ein mehr als sechsstelliges Einkommen, aber die meisten Autoren kommen nicht einmal in die Nähe dieses Betrags.

Lass uns also das traditionelle Publizieren bzw. das Verlagswesen näher betrachten.

Dies bezieht sich auf das etablierte System, einen Buchvertrag zu bekommen, bei dem erst die Einreichung des Manuskripts bei Agenten erfolgt, was in der Regel zu einer Reihe von Ablehnungen führt und dann (hoffentlich) zu einer Annahme. Dann reicht der Agent das Manuskript bei Verlagen ein, bekommt meist ebenfalls eine Reihe von Ablehnungen, bevor (hoffentlich) ein Vertrag unterzeichnet wird. Das Buch wird dann weitere Bearbeitungen durchlaufen und schließlich veröffentlicht.

## Die Vorteile des traditionellen Publizierens

Gründe, warum du dich für diesen Weg entscheiden solltest:

### (1) Prestige, Anerkennung und Bestätigung

Die meisten Autoren leiden unter Selbstzweifeln und fragen sich, ob ihre Arbeit gut genug ist. Wenn du es durch den Prozess schaffst, erst einen Agenten und dann einen Verlag zu bekommen, ist die Anerkennung dieser Gatekeeper in der Regel eine Bestätigung, dass deine Arbeit gut genug ist. Auch wenn sich das Buch bei der Veröffentlichung nicht sehr gut verkauft, dachte zumindest jemand, dass es sich lohnt. Wenn deine Definition von Erfolg aus diesen Gründen einen traditionellen Buchvertrag beinhaltet, ist nichts anderes gut genug. Akzeptiere dein Bedürfnis nach Bestätigung und suche dir einen Agenten. (Du wirst dafür ein anderes Buch brauchen!)

### (2) Zusammenarbeit mit einem etablierten, professionellen Team

Lektoren, Coverdesigner, Schriftsetzer und (eventuell) Unterstützung beim Marketing werden vom Agenten und Verlag im Rahmen des Vertrages zur Verfügung gestellt.

Der Marketingaufwand hängt in der Regel davon ab, wie viel in das Projekt investiert wird, und das Marketing von Verlagen richtet sich in der Regel an Buchhändler und nicht an Verbraucher. Aber du solltest zumindest ein Verkaufsteam beauftragen, deine Bücher in die Buchhandlungen zu bringen. Viele Autoren sagen, sie „wollen nur schreiben", deshalb soll ein Verlag den Rest für sie erledigen, aber die meisten Autoren müssen sich am Buchmarketing beteiligen, egal wie sie ihr Buch veröffentlichen.

## (3) Keine finanziellen Vorlaufkosten und normalerweise eine Art Vorschuss gegen Tantiemen

Du musst niemanden bezahlen, um einen traditionellen Verlagsvertrag zu erhalten, und wenn du um Geld gebeten wirst, dann ist es KEIN traditioneller Verlag. Es ist wahrscheinlich ein Selbstkostenverlag (auch Pseudoverlag, englisch *vanity publisher* oder Eitelkeitsverlag) und du solltest sehr vorsichtig sein. Der durchschnittliche Autorenvorschuss liegt derzeit bei etwa 8.000 $ (ca. 7.000 €). Zunehmend gibt es jetzt Verträge, bei denen der Autor höhere Tantiemen und einen niedrigeren oder gar keinen Vorschuss erhält. Du musst daran denken, dass der Vorschuss gegen die Tantiemen verrechnet wird, die in der Regel 7–25 % des Nettobuchpreises betragen. Wenn du also einen Vorschuss von 10.000 € erhältst, dann musst du mehr als 10.000 € an Tantiemen für Buchverkäufe verdienen, bevor du wieder Geld erhältst.

## (4) Einfachere Printbuchverteilung an die Buchhandlungen

Das ist es, was das traditionelle Verlagswesen auszeichnet und worauf dessen Modell in erster Linie ausgerichtet ist. Außendienstmitarbeiter besuchen die Geschäfte und machen es den Buchhändlern leicht, die gewünschten Bücher auszuwählen und später mit einer einzigen Rechnung pro Verlag abzüglich etwaiger Retouren zu zahlen. Bücher sind in der Regel einen Monat lang im Laden und bleiben nur, wenn sie sich dauerhaft verkaufen.

## (5) Literaturpreise und Anerkennung von Kritikern werden eher bei traditionell veröffentlichten Büchern vergeben, und viele Literaturpreise sind Indie-Autoren nicht einmal zugänglich

Es gab Ausnahmen, z. B. *A Naked Singularity* von Sergio De La Pava, der den PEN/Robert-W.-Bingham-Preis gewann, aber es geschieht immer noch selten, dass selbst veröffentlichte Autoren überhaupt an Literaturpreisen teilnehmen dürfen. Die Alliance of Independent Authors hat eine Kampagne gestartet, um Literaturpreise für Indie-Autoren zugänglich zu machen, was zu Veränderungen in der Branche führt.

### (6) Potenzial, ein Autor mit einem Markennamen zu werden

Es gibt nur wenige Autoren auf der Welt, die jeder kennt: Stephen King, Dan Brown, J. K. Rowling und E. L. James zum Beispiel. Das sind die Superstars unter den Autoren. Danach kommt die A-Liste, auf der sich Autoren befinden, die bereits seit vielen Jahren schreiben, wie Lee Child und Nora Roberts. Sie werden von traditionellen Verlagen sehr gut behandelt und sehen keinen Grund, sich zu verändern. Ja, es besteht immer noch die Chance, durch traditionelles Publizieren ein Schriftsteller dieser Größenordnung zu werden. Es ist wie ein Lotterielos. Definitiv lohnenswert, wenn du das Spiel spielen willst, aber die Chancen stehen auf jeden Fall gegen dich, besonders in einer Zeit der Nischenprodukte und zunehmend fragmentierter Medien.

## Die Nachteile des traditionellen Publizierens

Dies sind die Hauptprobleme, wenn man den traditionellen Weg geht:

### (1) Unglaublich langsamer Prozess

Schreiben und Redigieren sind identisch, unabhängig davon, wie du veröffentlichen willst. Aber dann könnte es ein oder zwei Jahre dauern, bis du einen Agenten hast, und noch einmal ein Jahr, bis ein Verlagsvertrag abgeschlossen ist. Danach wird es wahrscheinlich sechs Monate bis zweieinhalb Jahre dauern, bis dein Buch auf den Markt kommt. Es ist also ein sehr, sehr langsamer Prozess, besonders wenn du bedenkst, dass du auf Amazon veröffentlichen kannst, wo dein Buch innerhalb von vier Stunden zum Verkauf steht und du 60 Tage später bezahlt wirst.

## (2) Verlust der kreativen Kontrolle

Du gibst die Kontrolle ab, wenn du bei einem Verlag unterschreibst, und viele Verlage werden so viele Rechte wie möglich lizenzieren. Viele Autoren bekommen Titel, Cover und Marketingkampagnen zugewiesen, mit denen sie nicht zufrieden sind. Eine Freundin von mir, Polly Courtney, trat am Veröffentlichungstag von ihrem Verlagsvertrag zurück, weil ihre Bücher als Chick-Lit vermarktet wurden, obwohl sie mutige Romane über soziale Themen schreibt. Sie war wütend und verärgert darüber, dass sie die kreative Kontrolle verloren hatte. Du könntest auch einen Lektor bekommen, mit dem du dich nicht verstehst, oder nach einiger Zeit einen neuen Lektor zugeteilt bekommen, da viele der erfahreneren Lektoren in der Firma aufsteigen oder für mehr Geld freiberuflich arbeiten.

## (3) Niedrige Tantiemen

Tantiemen berechnen sich als Prozentsatz der Buchverkäufe. Sie werden meistens netto angegeben, das heißt, es werden alle Rabatte, Retouren, Marketingkosten und Gemeinkosten von der Summe abgezogen, bevor dein Prozentsatz berechnet wird. Die Tantiemen traditioneller Verlage liegen in der Regel zwischen 7 % und 25 %, wobei Letzteres am ungewöhnlich großzügigen Ende der Skala liegt. Sie variieren auch je nach Format, z. B. E-Book vs. gebundenes Buch vs. Audio. Tantiemenberichte werden vielleicht alle sechs Monate für einen bestimmten Verkaufszeitraum verschickt und viele Autoren berichten, wie schwer sie zu verstehen sind. Sie stimmen auch möglicherweise nicht mit dem Geldbetrag überein, den du auf deinem Bankkonto erhältst, so dass traditionell veröffentlichte Autoren nicht wirklich eine Cashflow-Prognose für zukünftige Einnahmen erstellen können. Ein weiterer Grund, warum sie einen anderen Job brauchen.

## (4) Fehlende Marketingunterstützung

Zunehmend müssen Autoren ihr eigenes Marketing betreiben und oft suchen Agenten Autoren, die bereits eine „Plattform" oder zumindest eine E-Mail-Liste von Lesern haben. Wenn du einen traditionellen Verlagsvertrag haben möchtest, stelle sicher, dass du dich nach dem Marketingplan erkundigst und dass du mehr als nur die Aufnahme in einen Buchhandelskatalog und eine Buchbloggertour bekommst.

## (5) Potenziell unzulässige Vertragsklauseln

Es gibt ein paar Klauseln, auf die du achten musst. Ein Beispiel ist der **Agenturvertrag**, mit dem ich persönliche Erfahrungen habe.

Vor ein paar Jahren waren zwei New Yorker Agenturen daran interessiert, mich zu vertreten, und ich ging ihre Verträge durch. Einer von ihnen enthielt eine Klausel, nach der die Agentur 15 % von *allem, was* ich jemals veröffentlichte, erhalten würde, unabhängig davon, ob sie selbst das

Werk verkauften oder nicht. Dies beinhaltete auch selbst veröffentlichte Werke, weil sie, wie sie behauptete, meine Autorenmarke aufbauen würde und damit für meinen Erfolg verantwortlich wäre. Offensichtlich war ich damit nicht zufrieden, weil ich viel Arbeit in meine Plattform gesteckt und meine eigene Marke aufgebaut hatte, und so ging ich zu der anderen Agentur, deren einfache Klausel besagte, dass sie keine Umsätze aus meinen selbst veröffentlichten Werken erhalten würde.

Ein weiteres wichtiges Thema ist die Unterzeichnung von Verträgen, in denen du die **weltweiten Rechte in allen Formaten abtrittst. Tu das nicht**. Der Verlag wird all diese Rechte wahrscheinlich nicht nutzen, aber auch du kannst sie dann nicht mehr selbst nutzen. *(Es sei denn, das Geld ist es wirklich wert.)*

Deine Aufgabe und die Aufgabe deines Agenten, wenn du einen hast, besteht darin, so viele Rechte wie möglich zu behalten, wenn du einen Vertrag schließt, damit du sie auf andere Weise nutzen kannst. Zum Beispiel könntest du lediglich die US-amerikanischen und kanadischen Rechte verkaufen und danach im Rest der Welt, einschließlich Großbritannien und dem Commonwealth, einem riesigen Gebiet, selbst veröffentlichen.

Sei auch vorsichtig mit den verschiedenen Formaten, insbesondere bei Hörbüchern. Viele Verlage übernehmen Audiorechte als Teil eines Standardbuchvertrages, erstellen dann aber kein Hörbuch. Das sollte nicht geschehen. Entweder behältst du die Audiorechte oder du gibst eine Zeitspanne an, innerhalb der ein Verlag die Rechte nutzen muss. Ansonsten sollten sie an dich zurückgehen.

Sieh dir die **Laufzeit des Vertrages und die Rückgabe-**

**klausel an.** Früher gab es eine „Vergriffen-Klausel", aber in der heutigen Zeit von Print-on-Demand und E-Books ist ein Buch natürlich nie vergriffen. Du musst überlegen, wann du deine Rechte zurückbekommen möchtest, denn was ist, wenn die Sache wirklich schiefgeht?

> Es ist wie eine Ehe. Man plant deren Scheitern nicht, aber manchmal klappt es einfach nicht.

(Und das sage ich als jemand, der sehr glücklich verheiratet ist – zum zweiten Mal!) Du solltest in der Lage sein, dich aus dieser Beziehung zu befreien, wenn sie entweder nicht funktioniert oder wenn der Verlag einfach nicht genug von deinen Büchern verkauft und du denkst, dass du das selbst besser kannst.

Sobald du einen Vertrag für dein Buch unterschrieben hast, gehört es im Prinzip dem Verlag und es kann dem Verlag unter Umständen für die gesamte Gültigkeit des Urheberrechts gehören, das heißt für die Dauer von 70 Jahren nach deinem Tod. Das ist eine sehr lange Zeit.

Du solltest dir auch die **Wettbewerbsverbotsklausel** ansehen, da sie dazu führen kann, dass du während der Laufzeit des Vertrages nicht mehr unter demselben Namen, in derselben fiktionalen Welt oder mit denselben Figuren veröffentlichen kannst.

Zum Beispiel könntest du einen Vertrag über drei Bücher abschließen, bei dem jedes Jahr ein Buch herauskommt und der in einem Jahr beginnt. Das sind also vier Jahre, in denen es dir vielleicht nicht erlaubt ist, etwas anderes in derselben fiktiven Welt, mit denselben Figuren und unter demselben Autorennamen zu veröffentlichen. Du musst dir wirklich gut überlegen, ob sich das Geld für den Vertrag lohnt. Viele Autoren reagieren in dieser Situation ein wenig übereilt, weil sie denken: „Ich sollte besser jeden Vertrag annehmen, der mir angeboten wird." Viele Autoren unterschreiben Verträge, weil sie dankbar sind, dass ihnen überhaupt etwas angeboten wurde, aber du musst den Wert deiner Schriftstellerei zu schätzen wissen, wenn du damit Geld verdienen willst.

**Denke daran, wie wichtig deine Rechte langfristig sind.**

Verlage sind keine Wohltätigkeitsorganisationen. Sie veröffentlichen dein Buch nicht, um dir einen Gefallen zu tun. Es sind Unternehmen und sie wollen Geld verdienen.

Wenn du mit einem traditionellen Verlagsvertrag „liebäugelst", gibt es zwei Bücher, deren Lektüre ich dir empfehle:

- *Closing the Deal on Your Terms ... Agents, Contracts, and Other Considerations* von Kristine Kathryn Rusch
- *The Nine Worst Provisions in your Publishing Contract* von David Vandagriff

Beide Bücher helfen dir bei den Vertragsbedingungen. Gib ein paar Dollar für diese Bücher aus und du wirst dir eine Menge Geld und Kummer ersparen.

## Rücke das Publizieren in den richtigen Blickwinkel

Probiere diese kleine Übung aus:

- Denke an dein Lieblingsbuch.
- Wie lautet der Name des Autors oder der Autorin?
- Wie lautet der Name des Verlages?

Die meisten Leute haben ein Lieblingsbuch und kennen den Namen des Autors, aber wahrscheinlich nicht den Namen des Verlags. **Weil die meisten Leser beim Kauf nicht nach Verlagen suchen.** Verlage und ihre Namen und Imprints sind nur für Autoren und Vertreter der Branche von Bedeutung.

Deine Wahl der Veröffentlichungsmethode ist eher eine Frage des Ergebnisses, das du erreichen willst, und deiner Definition von Erfolg. Dem Leser ist es eigentlich völlig egal, wie du veröffentlichst.

## Die finanzielle Seite des traditionellen Verlagswesens

Die Autoren werden nach einem im Vertrag festgelegten Zeitplan bezahlt, der in der Regel das Honorar in verschiedene Zahlungen aufteilt. Jeder Vertrag ist anders, aber es kann beispielsweise ein Drittel bei der Unterzeichnung, ein Drittel bei der Annahme des Manuskripts und ein Drittel bei der Veröffentlichung sein. Dies kann wieder auf mehrere Bücher verteilt werden. Seien wir großzügig und nehmen wir 100.000 € für einen Drei-Bücher-Vertrag an.

Das klingt wie der Traum jedes Autors, nicht wahr? Aber praktisch könnte es finanziell eher so aussehen:

- Der Agent erhält 15 % = 15.000 €.

- 85.000 € gehen über 3 Jahre an den Autor, aufgeteilt in mehrere verschiedene Zahlungen – einige bei der Unterzeichnung und dann bei der Annahme und Veröffentlichung jedes Buches im Laufe der Zeit. Das könnten sieben einzelne Zahlungen von etwa 12.000 € sein.

- Denk daran, dass du Einkommenssteuer zahlen musst. Wir schätzen diese auf 20 % = 2.400 €, dann bleiben rund 9.600 € übrig, die du zwei oder drei Mal im Jahr erhalten wirst. Ist das genug Geld für dich, um davon zu leben? Plötzlich ist der sechsstellige Betrag für drei Bücher nicht mehr so attraktiv.

Das ist nur ein Beispiel, und jeder Vertrag ist natürlich anders. Wenn dir ein Vertrag angeboten wird, überlege dir gründlich, wie der Zahlungsplan wirklich funktioniert. Lass dich nicht von den anfänglich genannten Zahlen beeindrucken.

Wenn du mit deiner Schriftstellerei deinen Lebensunterhalt verdienen willst, musst du verstehen, wie der Cashflow funktioniert und wann genau du mit Einkommen rechnen kannst.

## Würde ich einen traditionellen Verlagsvertrag abschließen?

Auf jeden Fall. Für das richtige Projekt und unter den richtigen Bedingungen.

Ich habe einen Agenten, der aktiv am Verkauf von Auslandsrechten arbeitet – in anderen Sprachen als Englisch. Ich möchte mir auch gerne Film-, Fernseh-, Spiel- und andere Nebenrechte erschließen. Ich würde auch für Englisch einen Deal nur für Printbücher annehmen und ich würde jedes vernünftige Angebot hinsichtlich anderer Rechte in Erwägung ziehen. Schließlich kann ich immer weitere Bücher schreiben!

Aber persönlich entscheide ich mich dafür, meine Energie nicht damit zu vergeuden, diesen perfekten Angeboten hinterherzujagen. Ich entscheide mich dafür, meine Bücher so schnell wie möglich in die Hände der Leser zu bekommen und das Geld lieber früher als später zu erhalten, um langfristig zu verdienen. Ich bin in erster Linie eine Indie-Autorin, also werfen wir nun einen Blick auf die Veränderungen in der Verlagsbranche und danach auf die Vor- und Nachteile des Self-Publishings.

# 1.3 Veränderungen in der Verlagsbranche

Die Verlagsbranche befindet sich in einem tiefgreifenden Wandel, wobei digitale Technologien die Landschaft verändern, so wie es vor einigen Jahren in der Musikindustrie der Fall war. Diese Veränderungen bedeuten für viele Unsicherheit und Angst, aber Autoren, die bereit sind, das neue Modell anzunehmen, können erstaunlich gute Ergebnisse erzielen. Hier sind nur einige der spannenden Entwicklungen.

## Veränderung des Kauf- und Leseverhaltens der Verbraucher

Im Januar 2017 berichtete ein Panel auf der *Digital Book World*-Konferenz Folgendes:

- „Wenn wir den Buchkauf der Konsumenten als Ganzes betrachten, waren 2016 fast 45 Prozent *aller* in den USA gekauften Bücher digital."
- In der Belletristik für Erwachsene sind fast 71 Prozent der Umsätze in den USA digital.
- 30 Prozent aller US-amerikanischen gekauften Belletristikbücher für Erwachsene stammen von selbstveröffentlichten Autoren.

E-Book-Verkäufe beginnen auch in anderen Ländern als den USA, Großbritannien, Kanada und Australien zu steigen, dank der Verbreitung von schnelleren Internetverbindungen und der Verwendung von Tablets und Handys zum Lesen. Wenn du bedenkst, dass die meisten Menschen auf der Welt nicht in der Nähe einer physischen Buchhandlung leben, wird der Kauf per Handy mit der Zeit nur noch zunehmen.

> **Die Menschen werden immer Bildung, Inspiration und Unterhaltung wollen und sie werden sie zunehmend über ihr Handy erhalten.**

Afrikanische Subsahara-Länder sowie südamerikanische und asiatische Länder überspringen Desktop-Computer und Laptops und steigen mit dem Handy in das Internetzeitalter ein. Das sind spannende neue Märkte für Schriftsteller!

Es gibt auch einen demografischen Wandel in Richtung Städte, kleinerer Wohnflächen und einen Trend, weniger physische Dinge zu besitzen, was die digitalen Käufe erhöhen wird. Zum Beispiel hören viele Menschen Musik über Streamingdienste aus der Cloud, statt eine CD zu besitzen. Das Gleiche geschieht mit Büchern durch Abonnementprogramme wie Kindle Unlimited und Audible.

Eine weitere interessante Sache hinsichtlich digitaler Märkte sind deren zwei Pole: auf der einen Seite die junge digitale Generation, die mit dem Internet aufgewachsen ist, auf der anderen Seite die älter werdende Bevölkerung. Einer der größten Märkte für E-Reader sind die über 60-Jährigen, weil sie die Schriftgröße ändern oder Whispersync verwenden können, um sich Bücher anzuhören.

Noch vor wenigen Jahren gab es nur eine kleine Anzahl an Großdruckbüchern und Hörbüchern in Form von Kassetten aus Bibliotheken. Die Möglichkeit, die Schriftgröße zu ändern und auf digitalen Geräten zu hören, hat der Babyboomer-Generation eine ganz neue Welt des Lesens eröffnet.

Der Fortschritt der In-Home-Technologie wie Amazon Echo und Google Home kann die Zahl der konsumierten Hörbücher in den kommenden Jahren ebenfalls erhöhen.

## Und was ist mit Print?

Im März 2015 berichtete *The Bookseller*, dass der *Onlinekauf* von Printbüchern den Einkauf *in Buchhandlungen* überholt hat.

Das bedeutet, dass mehr Menschen Printbücher online kaufen statt in Buchhandlungen, was unabhängige Autoren mit traditionell veröffentlichten Autoren gleichsetzt. Ich verkaufe Printbücher online und sie haben die gleiche Chance, entdeckt zu werden, wie die Bücher anderer Autoren. Mit der Einführung von KDP Print und der Integration von Amazon-Anzeigen für Printbücher könnten Autoren, die sich der Werbung verschrieben haben, in den kommenden Jahren viel mehr Printbücher verkaufen.

## Die Indie-Bewegung und wie sie die Dinge verändert

Das Wort Indie ist die Abkürzung von Independent, ein Unabhängiger, und wir sind in dieser Welt an einem Punkt, an dem es „echt cool“ ist, ein Indie zu sein. Wenn du an Indie-Musiker oder Indie-Filmemacher denkst, welche Worte fallen dir ein?

Originell.

Kreativ, authentisch und avantgardistisch.

Nicht zu den riesigen Labeln gehörend, die Künstler schlecht behandeln.

Mehr von den Figuren getragen als Hollywood-Blockbuster.

In vielen Kreativbranchen ist es fast besser, Indie zu sein, als mit den Mega-Konglomeraten verbunden zu sein, die an Medienunternehmen mit zweifelhaften Interessen geknüpft sind.

## Berücksichtige dein eigenes Kaufverhalten

- Kaufst du Indie-Musik und siehst du dir Indie-Filme an?
- Trinkst du Bier, das von handwerklichen Brauereien vor Ort in kleinen Mengen gebraut wird?
- Kaufst du Cupcakes oder hausgemachtes Brot direkt vom Bäcker?
- Kaufst du Gemüse auf dem lokalen Bauernmarkt statt in der Supermarktkette?
- Kaufst du Kunst- und Bastelartikel von NotOnThe-HighStreet.com oder Etsy.com?
- Hast du ein kreatives Projekt auf Kickstarter oder Patreon unterstützt?

Die Wahrscheinlichkeit, dass das breite Publikum direkt von Künstlern kauft, nimmt zu, denn die Leute möchten kreative Projekte und kreative Menschen unterstützen. Auch die Bildung geht in diese Richtung, mit der Zunahme von Online-Lernsites voller Kurse zu allen möglichen Themen.

Wir befinden uns also in einer Kultur, in der der Schöpfer immer mehr geschätzt wird, und das ist äußerst spannend. Jetzt wollen wir uns ansehen, wie du diese Verschiebung nutzen kannst, indem du erwägst, auch ein Indie zu werden.

## 1.4 Deine Veröffentlichungsmöglichkeiten: Indie-Autor werden

Es gibt einen Unterschied dazwischen, Bücher selbst zu veröffentlichen und ein professioneller Indie-Autor zu werden.

Der Begriff Self-Publishing bedeutet, alles selbst zu machen und es eher als Hobby zu sehen. Es ist sicherlich nichts falsch daran und es ist wunderbar, Bücher aus Liebe zum kreativen Prozess zu erschaffen. Ich veröffentliche Fotobücher zu meinem eigenen Vergnügen, ich half meiner 9-jährigen Nichte, ihr erstes Buch selbst zu veröffentlichen, und ich half meinem Vater, zu seinem 65. Geburtstag selbst einen Thriller zu veröffentlichen.

Aber ich benutze den Begriff unabhängige Autorin oder Indie-Autorin für mich selbst. Ich arbeite mit den besten professionellen Freiberuflern zusammen, um ein hochwertiges Produkt zu entwickeln. Es ist für mich ein Geschäft, nicht nur ein Hobby. Natürlich beginnen viele professionelle Indie-Autoren mit dem Self-Publishing und wechseln im Laufe der Zeit. Wir müssen alle irgendwo anfangen!

## Die Vorteile des Indie-Autoren-Daseins

### (1) Vollständige Kreativkontrolle über Inhalt und Design

Viele Autoren, die erst traditionell veröffentlicht wurden und jetzt Indies sind, sprechen darüber, wie schmerzhaft es war, einen Einband oder Titel zu haben, den sie hassten, oder ihnen auferlegte redaktionelle Entscheidungen zu akzeptieren, mit denen sie nicht einverstanden waren, auf denen aber bestanden wurde. Als Indie kannst du mit Freiberuflern deiner Wahl zusammenarbeiten und den bestmöglichen „Look and Feel" deines Produkts wählen. Das kann ein Vorteil oder ein Nachteil sein, je nachdem, was aus dem Buch wird, aber als Indie kannst du es auch ändern; so wie ich es getan habe, indem ich meinen ersten drei Büchern neue Titel und neue Cover gab. Du lädst einfach eine andere Datei hoch.

**Die Start-up-Mentalität, dass wir aus unseren Fehlern lernen und „Scheitern" nur ein Schritt auf unserem Weg ist,** erleichtert die Veröffentlichung für Indies.

### (2) Empowerment

Ich habe kürzlich an einem Literaturfestival teilgenommen und mit einer Reihe von traditionell veröffentlichten Autoren gesprochen. Ich war schockiert, wie unsicher sie waren und wie sehr sie durch die Negativität des Veröffentlichungsprozesses angeschlagen waren. Sie sahen sich nicht in der Lage, alleine eine Entscheidung zu treffen oder Maßnahmen zur Verbesserung ihres Schicksals zu ergreifen, obwohl SIE die Kreativen, die Geschichtenerzähler und die Genies sind.

**Vergleiche das mit Indies, die im Allgemeinen ein „glücklicher Haufen" sind**, wie die Verlagsbranchenforscherin Alison Baverstock berichtet. Das ist nicht verwunderlich, wenn man die Forschung über den „Ort der Kontrolle" betrachtet. Das *Journal of Personality and Social Psychology* berichtete, dass der wichtigste Faktor für das Glück die Autonomie ist, „das Gefühl, dass du dein Leben – deine Aktivitäten und Gewohnheiten – unter Kontrolle hast".

**Nach der Vertragsunterzeichnung haben traditionell veröffentlichte Autoren so ziemlich keine Kontrolle mehr** – über die Preise, den Zeitpunkt der Veröffentlichung, das Marketing, manchmal über das Cover, den Titel und sogar die Worte selbst. Viele Autoren werden gebeten, ihre Geschichten so zu ändern, dass sie den Wünschen eines Verlegers entsprechen.

Vergleiche das mit dem Empowerment von Indie-Autoren, die neue Fähigkeiten erlernen, mit Profis arbeiten, Fehler machen und daraus lernen, direkt Geld verdienen und sich mit Kunden austauschen können.

Ja, es ist harte Arbeit, aber es gibt dir ganz bestimmt viel Kraft! Die positive Energie, die mit dem Indie-Dasein verbunden ist, kann dich viel weiter und viel schneller voranbringen, als lange warten zu müssen, bis du an der Reihe bist.

Höre auf, um Erlaubnis zu bitten. Du brauchst sie nicht.

Höre auf, darauf zu warten, ausgewählt zu werden. Entscheide selbst.

## (3) Schnellere Markteinführung

Du musst immer noch die gleiche Zeit mit Schreiben und Redigieren verbringen. Aber sobald du zur Veröffentlichung bereit bist, kannst du deine Dateien bei Amazon, Kobo, iBooks, Draft2Digital und allen anderen Anbietern hochladen. **Dein E-Book ist normalerweise innerhalb von 8–72 Stunden verkaufsbereit**. Du wirst 60 Tage nach Ablauf des Verkaufsmonats bezahlt.

Wenn du Print-on-Demand nutzt, kannst du dein Buch innerhalb von 24 Stunden hochladen, falls du die Formatierung online überprüfst. Du kannst auch ein Probeexemplar bestellen und dann kann es ein paar Wochen dauern, aber im Prinzip geht es unglaublich schnell, dein Buch zum Verkauf anzubieten. Das passt sicherlich zu meiner Persönlichkeit, denn sobald ich mit einem Buch fertig bin, will ich es veröffentlichen und verkaufen! Ich möchte nicht mehrere Jahre darauf sitzen bleiben, während es im Verlags-Ökosystem hin und her geschoben wird.

## (4) Höhere Tantiemen

Wenn du für dein Buch bei Amazon einen Preis zwischen 2,99 € und 9,99 € festlegst, erhältst du 70 % Tantiemen. Für die anderen Einzelhändler wie Kobo und iBooks gibt es keine Obergrenze. Tantiemen von Verlagen befinden sich normalerweise im 7–25 %-Bereich und betragen durchschnittlich 10 %. Es ist klar, dass du viel weniger Bücher verkaufen musst, um den gleichen Betrag an Geld mit dem Self-Publishing zu verdienen.

**Aber du wirst damit nicht schnell reich**. Das solltest du dir klarmachen. Du bekommst keine Garantie, dass du so viele Verkäufe tätigen wirst, wie du sie bei einem traditionellen Verlag gemacht hättest, oder dass du überhaupt etwas verkaufst. Das hat eher etwas mit dem Genre zu tun, mit Marketinginvestitionen und manchmal mit reinem Glück, wenn man den Zeitgeist im richtigen Moment trifft.

Allerdings können Autoren ein Unternehmen nicht nur auf Glück aufbauen – aber sie können durchaus etwas über Marketing lernen. Das müssen heutzutage alle Autoren tun, unabhängig davon, wie sie veröffentlichen.

## (5) Auf jedem Markt weltweit verkaufen, da du die Rechte behältst

Meine Bücher werden in 190 Ländern zum Verkauf angeboten und wurden bereits in 84 davon verkauft. Ich liebe es, meine Weltkarte zu betrachten, um zu sehen, in welchen neuen Ländern ich im letzten Monat etwas verkauft habe. Besonders freue ich mich über Verkäufe in afrikanischen Subsahara-Ländern wie Burkina Faso oder Namibia, weil ich in Malawi zur Schule ging (allerdings wurden dort bisher leider noch keine Bücher verkauft).

Ja, diese Verkäufe tröpfeln im Moment nur herein, aber in den nächsten Jahren wird die Mobilfunkpenetration zunehmen und Internetzugang allgegenwärtig sein.

Vor zwei Jahren verkaufte ich Bücher nur in den USA, Großbritannien, Australien und Kanada. Aber so ziemlich jeden Monat kommt eine weitere kleine Einnahmequelle dazu. Das gilt hauptsächlich für englische Bücher – ich habe Glück, dass Englisch die am meisten verbreitete internationale Sprache ist.

Viele traditionell veröffentlichte Autoren haben die

weltweiten englischsprachigen Rechte für alle Formate verkauft und sind dennoch kaum außerhalb der üblichen Ländermärkte tätig, da ihre Bücher an den meisten Orten der Welt nicht einmal erhältlich sind. Viele haben auch die Hörbuchrechte verkauft, aber die Audiobooks wurden bisher nicht produziert.

Wenn du in dieser Situation bist, sieh dir deinen Vertrag erneut an. Welche Rechte besitzt du? Du kannst in allen Ländern selbst veröffentlichen, in denen du die Rechte nicht lizenziert hast. Warum solltest du dich damit nicht an die Arbeit machen?

## (6) Mit Nischenbüchern ein bestimmtes Publikum erreichen

Verlage haben eine bestimmte Verkaufserwartung. Wenn du also z. B. ein Nischenbuch über eine bestimmte Art von Bio-Tomaten schreibst, dann könnte der Markt für einen großen Verlag zu klein sein.

Aber die Marktgröße kann durchaus ausreichen, um deine eigene Definition von Erfolg zu erfüllen. Du kannst deine Preise nach Belieben festsetzen, da die Chance besteht, dass dein Buch einen ganz bestimmten Leser anspricht, der möglicherweise bereit ist, einen höheren Preis zu zahlen.

## (7) Einstieg in die Welt des Publishings

Wenn du selbst veröffentlichst und damit Erfolg hast, werden Agenten und Verleger zu dir kommen. Du musst nicht um Aufmerksamkeit betteln. Die Verteilung der

Macht hat sich geändert und der befähigte Indie kann einen viel besseren Deal aushandeln als ein neuer Autor ohne Verkaufsnachweis.

Sieh dir nur die traditionellen Verlagsverträge an, die Hugh Howey, Bella Andre, Jasinda Wilder, Meredith Wild und A. G. Riddle sowohl für Printbücher als auch für Film- und Fernsehdeals bekommen haben. Wenn du also einen traditionellen Vertrag willst, kannst du den Stapel ungefragt zugeschickter Manuskripte überspringen und deine Lehre als Indie absolvieren.

## Die Nachteile des Indie-Autoren-Daseins

Dies waren die Vorteile, aber wie sieht es mit den Nachteilen aus?

### (1) Du musst alles selbst machen oder geeignete Fachleute finden, die dir helfen

Wie bei jeder neuen Fertigkeit ist es eine steile Lernkurve, Indie zu werden. Du musst nicht nur schreiben und dein eigenes Marketing machen, sondern auch veröffentlichen. Du musst einen Lektor und einen Coverdesigner finden, dich für einen Titel entscheiden, dein Werk in E-Book-, Print- und jedem anderen gewünschten Format formatieren lassen und geeignete Fachleute dafür finden. Das ist gar nicht so schwer, da wir uns alle online unterstützen. Du könntest auch der Alliance of Independent Authors beitreten, die Dienstleister überprüft.

Aber du musst dich für deine Definition von Erfolg entscheiden und verstehen, dass **du dich um alle Aspekte deines Unternehmens kümmern musst, wenn du ein professioneller Indie-Autor werden willst**.

Für viele Menschen ist das ein Nachteil, weil sie einfach nicht genug Zeit haben, um alles zu tun, oder es ihnen nicht gefällt. **Ich habe Glück, weil ich es liebe, Unternehmerin zu sein**. Ich liebe alle Aspekte meiner Arbeit – von der Ideenfindung über das Schreiben bis hin zur technischen Seite der Formatierung und allem, was dazwischenliegt. Nach vielen Jahren habe ich die perfekte Arbeit für mich gefunden. Wenn du selbständig ein Projekt managen oder es erlernen kannst, dann wirst du es wahrscheinlich auch genießen. Aber ein solches Leben ist sicherlich nicht für alle das Richtige.

## (2) Es gibt kein Prestige, keine Anerkennung oder Bestätigung der Industrie

Das Stigma wird jeden Tag kleiner, aber wenn deine Definition von Erfolg mit dem verbunden ist, was andere Autoren, Agenten und Verleger von dir denken, dann ist das Indie-Dasein vielleicht nicht das Beste für dich.

Wenn du hingegen nur an die Leser denkst, dann ist der Indie-Weg eine gute Wahl.

## (3) Du brauchst im Voraus ein Budget, wenn du ein professionelles Ergebnis erzielen willst

Bevor du dich an einen Agenten wendest, wirst du wahrscheinlich Geld für einen professionellen Lektor ausgeben oder auf jeden Fall für Bücher und Kurse für Autoren. Jeder gibt Geld für sein Hobby aus, egal ob du strickst oder schreibst oder mit einem Mountainbike unterwegs bist. Die meisten Leute sind gerne bereit, Geld für das auszugeben, was sie lieben, ohne jemals etwas von dem Geld zurückzubekommen.

Wenn du aber mir ähnelst und beabsichtigst, mit Schreiben deinen Lebensunterhalt zu verdienen, musst du in dein Geschäft investieren und Vermögenswerte schaffen, mit denen du dir mehrfache Einnahmequellen erschließen kannst. Wie auch immer, du brauchst im Voraus ein Budget, wenn du ein professioneller Indie-Autor werden willst.

## (4) Es ist schwierig, Printbücher in die Buchhandlungen zu bekommen

Es ist bestimmt nicht unmöglich. Wenn dir Printbücher wichtig sind, dann sieh dir die Möglichkeiten bei IngramSpark oder BoD (Books on Demand) an (weitere POD-Anbieter für Deutschland siehe Anhang). Schau dir auch die *Opening Up to Indie Authors*-Kampagne der Alliance of Independent Authors an.

Aber es ist viel wahrscheinlicher, dass du über einen traditionellen Verlag in den Buchladenvertrieb kommst, denn das ist im Prinzip deren Geschäftsmodell, und zwar schon seit langem. Sie sind die Experten für Druck und Distribution von physischen Produkten. Meine persönliche Wahl ist Print-on-Demand über KDP Print und IngramSpark, wodurch meine Printbücher in allen Online-Buchhandlungen und in Katalogen erhältlich sind, aus denen Bibliotheken und Buchhandlungen bestellen.

## (5) Die meisten Literaturpreise akzeptieren keine Indie-Bücher und die meisten Literaturkritiker für Mainstream-Medien werden sie nicht rezensieren

Wenn deine Definition von Erfolg literarische Anerkennung und Kritikerlob beinhaltet, ist der traditionelle Weg für dich der bessere. Auch hier versucht die *Opening Up to Indie Authors*-Kampagne, dies im Laufe der Zeit zu ändern.

## Das Hybridmodell: Es ist kein Entweder/Oder mehr

Die Branche hat sich verändert und viele Autoren verfolgen heute ein Hybridmodell für das Publizieren. Sie treffen die Entscheidung pro Buch, pro Serie und hinsichtlich bestimmter Rechte, indem sie für einige Dinge das Indie-Modell verwenden und für andere traditionelle Deals annehmen. Dies ermöglicht es dem Autor, individuelle Entscheidungen zu treffen und für jedes Projekt den bestmöglichen Weg zu wählen. **Schließlich wird eine Karriere nicht auf einem Buch aufgebaut.**

So verkaufte Hugh Howey beispielsweise seine Printrechte für *Wool* und schloss eine Reihe von ausländischen Lizenzverträgen ab, ebenso wie der Indie-Autor J. A. Konrath. Jasinda Wilder verkaufte mehrere neue Bücher an traditionelle Verlage und veröffentlichte währenddessen eine andere Serie selbst. A. G. Riddle verkaufte seine Filmrechte und behielt seine englischsprachigen E-Book-Rechte als Indie. Ich selbst habe einen Vertrag für die deutsche Sprache mit einem traditionellen Verleger und einen Literaturagenten, der sich mit anderen ausländischen Rechten befasst.

Wichtig ist, dass du imstande bist, bei jedem Projekt zu wählen, wie du damit verfahren willst.

## Andere Veröffentlichungsmöglichkeiten

Ich habe die beiden extremen Enden des Publikationsspektrums als Beispiele verwendet, aber heutzutage gibt es viel mehr Möglichkeiten für Autoren. Das herunterladbare Diagramm von Jane Friedman gibt einen umfassenderen Überblick über die verfügbaren Möglichkeiten: www.TheCreativePenn.com/publishingpaths

Es tauchen jeden Tag neue Unternehmen auf, von denen einige gute Dienste anbieten und andere nur Haie sind, die dein Geld nehmen und dich enttäuschen. Viele der größten Unternehmen für „Autorendienste“ werden von Author Solutions betrieben, einer Firma, die einst im Besitz von Penguin Random House war, also heißt es als Autor, vorsichtig zu sein.

Gehe mit angemessener Sorgfalt vor und lass dir Referenzen von Autoren geben, die dir gerne einen Dienst empfehlen, ehe du etwas unterschreibst.

## Wie beurteilst du die Optionen der Autorendienste?

Meine Grundregel ist: Wie verdient das Unternehmen sein Geld?

Traditionelle Verlage sollten dir einen Vorschuss gegen Tantiemen zahlen, was bedeutet, dass du das Geld erst bekommst und sie dann ihr Geld zurückverdienen, wenn sich deine Bücher verkaufen.

Ausschließlich selbstständig zu operieren, wie ich es tue, bedeutet, dass du kostenlos *(ja, für 0 €)* bei allen Einzelhändlern veröffentlichen kannst, die dafür einen Prozentsatz der Tantiemen einbehalten. **Sie verdienen nur dann Geld, wenn du selbst Geld verdienst.**

Wenn du Indie-Autor wirst, musst du für Lektorat und Coverdesign im Voraus zahlen. Aber diese Preise sollten die Bank nicht sprengen und du solltest Profis engagieren, die andere Autoren empfohlen haben.

Wenn du Dienste nutzen möchtest, die weitere Leistungen in Rechnung stellen, dann sieh dir bitte die folgenden Ressourcen an:

- *Watchdog Service Ratings* der Alliance of Independent Authors: www.TheCreativePenn.com/watchdog

- *Choosing the Best Self-Publishing Services* der Alliance of Independent Authors. Das Buch ist in allen Online-Buchhandlungen erhältlich. Geschrieben von Autoren für Autoren, so dass du unparteiische Ratschläge erhältst.

## Brauchst du mehr Hilfe, um Indie zu werden?

Dann sieh dir die folgenden Ressourcen an:

- Mein eigenes E-Book *Author 2.0 Blueprint* und die zugehörige Video-Serie: www.TheCreativePenn.com/blueprint

- Meine Zusammenfassung von Artikeln zu Veröffentlichungsoptionen, einschließlich einer Anleitung zur Selbstveröffentlichung von E-Books, Print- und Hörbüchern: www.TheCreativePenn.com/publishing

- The Alliance of Independent Authors – eine hervorragende Organisation für Autoren, die auf professionelle Weise selbst veröffentlichen wollen. Mitglieder erhalten E-Books und andere Ressourcen zum Thema Self-Publishing; außerdem gibt es eine aktive Facebook-Gruppe und eine monatliche Session, in der ich neben Orna Ross, der Gründerin der Alliance, Fragen beantworte.

# 1.5 Wie man ein E-Book selbst veröffentlicht

Wenn du selbst ein E-Book veröffentlichen willst, folgen hier die grundlegenden Schritte und mein eigener Prozess als Referenz. Das mag kompliziert aussehen, wenn man es zum ersten Mal ausprobiert, aber wie jede andere Fähigkeit wird es mit jedem Mal einfacher.

Der eigentliche Prozess der Veröffentlichung nimmt kaum Zeit in Anspruch, nachdem du ihn bei ein paar Büchern durchlaufen hast. Schreiben und Marketing nehmen die meiste Zeit in Anspruch, und das trifft immer zu, egal wie du dein Buch veröffentlichst.

## Bevor du veröffentlichst

Es gibt ein paar Dinge, die du brauchst, bevor du auf Veröffentlichen klicken kannst.

## Ja, du brauchst ein tolles Buch!

Ein professioneller Lektor kann dabei helfen, und ich bin ein großer Befürworter, Geld und Mühe für diesen Schritt aufzuwenden, um ein qualitativ hochwertiges Ergebnis zu erzielen. Hier ist meine Liste von englischsprachigen Lektoren (deutsche Liste s. Anhang): www.TheCreativePenn.com/editors

## Ein Titel, der die Leser in seinen Bann zieht

Für Sachbücher solltest du Titel verwenden, die die Suchbegriffe enthalten, nach denen die Menschen tatsächlich suchen. Zum Beispiel habe ich den Titel meines ersten Buches in*Career Change* abgeändert, weil die Leute nach diesen Wörtern suchten. Du kannst das recherchieren, indem du Ideen in die Amazon-Suchleiste eingibst und dir ansiehst, was das Dropdown-Menü enthält. Die dort angezeigten Suchbegriffe sind die beliebtesten.

Bei der Belletristik geht es mehr darum, dass der Titel mit deinem Genre im Einklang ist und einen Eindruck von deinem Buch vermittelt, was viel schwieriger ist! Du kannst deine Buchtitel später ändern, aber es ist schwierig, wie ich herausgefunden habe, als ich meinen ersten drei Romanen neue Titel gab.

## Ein fantastisches Cover

Verbringe einige Zeit damit, dir die meistverkauften Bücher in der von dir angestrebten Kategorie bei Amazon anzusehen. Nimm einige Screenshots auf und arbeite mit einem Coverdesigner zusammen, um ein fantastisches Cover zu erstellen. Meine Liste von Designern findest du unter www.TheCreativePenn.com/bookcoverdesign (deutsche Designer s. Anhang).

Das ist ein wesentlicher Schritt, da dein Cover ein wichtiger Bestandteil deines Buchmarketings ist. Du kannst dein Cover später auch ändern, wie es viele von uns tun. Traditionelle Verlage ändern ein Cover alle paar Jahre, um den Umsatz wieder anzukurbeln, und es lohnt sich definitiv, dasselbe zu tun, besonders wenn du ältere Bücher hast.

Wenn du über bestehende Verträge für deine Bücher verfügst und/oder in der Vergangenheit veröffentlicht wurdest, überprüfe erst, ob du die Rechte für das Cover besitzt, bevor du bestehende Werke selbst veröffentlichst. Es ist unwahrscheinlich, dass du die Rechte hast, also wirst du wahrscheinlich ein neues Cover brauchen.

## Deine Verkaufsbeschreibung verfassen

Das ist eine Kunst, die wir alle zu vervollkommnen suchen!

Dein Ziel ist es, den Leser zu verführen, eine Leseprobe herunterzuladen oder das Buch zu kaufen. Es gehören viele Aspekte zu einer guten Verkaufsbeschreibung. Eine Möglichkeit, in die richtige Stimmung zum Schreiben zu kommen, ist, sich 10 bis 15 der meistverkauften Bücher in deinem Genre anzusehen.

Kopiere die Verkaufsbeschreibungen der Bücher. Welche gefällt dir? Welche findet Anklang bei dir? Welche Wörter werden verwendet? Verfasse deine eigene Beschreibung nach ihrem Muster. Lies Libbie Hawkers Buch *Gotta Read It: 5 Simple Steps to a Fiction Pitch That Sells* oder höre dir das Interview mit Bryan Cohen über das Schreiben von Verkaufsbeschreibungen an: www.TheCreativePenn.com/salesblurb

Für Sachbücher ist es viel einfacher. Du musst vor allem nachweisen, dass du die Frage des Lesers beantworten oder sein Problem im Buch lösen wirst. Du kannst auch dein Inhaltsverzeichnis einbeziehen, um dem Leser zu zeigen, was das Buch enthält. Außerdem kannst du Rezensionszitate anderer Autoren und Leserrezensionen einbeziehen, das ist aber nicht erforderlich.

## Dein E-Book formatieren

Du brauchst eine mobi-Datei für Kindle und eine ePub-Datei für die anderen Plattformen, aber lass dich nicht von technischen Einzelheiten abschrecken. Es gibt eine Reihe von Möglichkeiten für die Formatierung von E-Books.

- **Lade deine Word-Dokumente** auf die verschiedenen Sites hoch, z. B. Draft2Digital, und lass deine Dateien automatisch formatieren. Das ist wirklich nur für reinen Text gut und du kannst die Formatierungen nicht korrigieren, falls sie dir nicht gefallen.

- **Formatiere selbst** mit der E-Book-Formatierungssoftware Vellum. Diese verwende ich jetzt, da sie großartige E-Books erstellt, aber sie ist nur für den Mac erhältlich. Du findest sie hier: www.TheCreativePenn.com/vellum. Ich habe auch eine Anleitung über die Verwendung der Software zur Formatierung erstellt: www.TheCreativePenn.com/vellum-tutorial

- **Bezahle einen professionellen Formatierer**. Es gibt mittlerweile viele professionelle Formatierer und einige bieten E-Book-Formatierung und Buchsatz für Printbücher im Paket an. Hier ist meine Liste: www.TheCreativePenn.com/formatting (deutsche Liste s. Anhang). Du kannst auch andere Autoren um Empfehlungen bitten oder das Mitgliederverzeichnis der Alliance of Independent Authors nutzen.

Manche Autoren wollen nicht mit E-Book-Dateien herumspielen. Früher habe ich auch so gedacht, aber im Ernst, wenn man viel veröffentlicht, dann will man am Prozess beteiligt sein. Du sparst langfristig viel Geld, denn die meisten von uns aktualisieren E-Books regelmäßig, entweder mit neuen Informationen am Ende des Buchs oder um veraltete Inhalte zu korrigieren.

## Dein E-Book veröffentlichen

Auch hier gibt es eine Reihe von Möglichkeiten:

## Veröffentliche direkt bei den Anbietern

Für die höchsten Tantiemen, mühelose Kontrolle, schnelle Änderungen und erweiterte Metadaten ist es ratsam, direkt bei den Anbietern zu veröffentlichen, die alle kostenlos sind.

Ich benutze Amazon KDP für Kindle, Kobo Writing Life und iTunes Connect für iBooks.

## Verwende einen Distributor wie Draft2Digital, PublishDrive oder Smashwords

Du kannst eine dieser Websites verwenden, um deine E-Books an alle Online-Buchhandlungen zu verteilen, was die Anzahl der Plattformen reduziert, die du überwachen und ändern musst. Du kannst sie aber auch für die anderen Buchhandlungen verwenden.

Ich benutze Draft2Digital, um meine Bücher in andere Geschäfte, einschließlich Nook, zu bringen. Für Google

Play nutze ich PublishDrive. (Deutsche Distributoren findest du im Anhang.)

## Während des Veröffentlichungsprozesses musst du Folgendes tun:

## Wähle deine Kategorien

Kategorien sind die Genres und Subgenres, die du in den Online-Buchhandlungen findest, z. B. Liebesromane > Historische Romantik > Mittelalterlich.

Du weist sie deinem Buch zu, wenn du es selbst veröffentlichst, und deine Wahl ist entscheidend für die Auffindbarkeit. Verbringe einige Zeit damit, dich für die passendsten Kategorien für dein Buch zu entscheiden.

Denke darüber nach, wie Menschen in den Online-Buchhandlungen oder auf mobilen Geräten einkaufen. Sie werden in der Regel bis in die Unterkategorie gehen, die sie gerne lesen, z. B. surfe ich gerne in den Kategorien Thriller und Action & Abenteuer, und in Sachbüchern suche ich immer die neuesten Bücher über Unternehmertum und Business. Sie zählen als Kategorien und können sehr detailliert sein.

Du kannst in den meisten Online-Buchhandlungen zwei oder drei Kategorien für dein Buch auswählen, aber viel mehr bei Apple, wenn du direkt veröffentlichst. Melde dich einfach bei der Buchhandlung an, in der du veröffentlichst, und überprüfe die Dropdown-Liste für Kategorien, um deine Optionen anzuzeigen.

Weitere Informationen zu Kategorien findest du in dem Webinar-Replay bei K-lytics:

http://k-lytics.com/replay-joanna-penn

## Wähle deine Suchbegriffe (Keywords) aus

Das sind einzelne Wörter oder Wortgruppen, die zur Beschreibung deines Buches verwendet werden können und mit denen Kunden nach Büchern suchen. Zum Beispiel ist „Karrierewechsel" ein Suchbegriff, den ich sowohl als Buchtitel als auch als Schlüsselwort verwendet habe. „Übernatürliche Thriller-Serien" wäre ein Suchbegriff für meine Belletristik.

Suchbegriffe sind ein weiterer Mechanismus, der deinem Buch hilft, in den Buchhandlungen entdeckt zu werden. Sie können dir helfen, nach bestimmten Schlüsselwörtern zu suchen und in detailliertere Kategorien bei Amazon zu kommen. Meine Bücher gehören beispielsweise in die Unterkategorie „Verschwörungsthriller", die nicht im Kategorienfeld verfügbar ist – sie kann nur mit dem Schlüsselwort „Verschwörungsthriller" ausgewählt werden. Wie bereits oben bei der Wahl eines Buchtitels erwähnt, kannst du die Dropdown-Liste der Amazon-Suchleiste verwenden, um geeignete Suchbegriffe zu finden.

## Wähle die Gebiete aus, in denen du veröffentlichen möchtest

Wenn du selbst publizierst und keinen Vertrag über irgendwelche Rechte abgeschlossen hast, kannst du einfach ALLE wählen. Wenn du einige deiner Rechte verkauft hast, kannst du trotzdem in anderen Gebieten selbst veröffentlichen. Zum Beispiel könnten viele Autoren, die ihre Rechte für die USA und Kanada verkauft haben, immer noch in Großbritannien und dem Rest der Welt selbst veröffentlichen.

Es ist wirklich wichtig, darüber nachzudenken, denn wenn du von deiner Schriftstellerei leben willst, solltest du in all diesen verschiedenen Gebieten veröffentlichen und deinen Vertrieb maximieren.

## Wähle deinen Preis

Es gibt viele Debatten über die Preisgestaltung und der beste Ratschlag ist, sich nicht zu sehr hineinzusteigern, wenn man nur ein oder zwei Bücher hat. Dein Hauptaugenmerk sollte darauf gerichtet sein, deine ersten Leser zu gewinnen, was bedeuten kann, dass du Bücher entweder kostenlos oder zu einem sehr geringen Preis anbietest. Dadurch werden Menschen eher das Risiko eingehen, sich auf einen neuen, unbekannten Autor einzulassen.

Sobald du mehr Bücher hast, kannst du die Preise auf verschiedenen Ebenen festlegen. Ich habe z. B. kostenlose Bücher, Romane für 4,99 $ und Novellen für 2,99 $. Meine Sachbuchpreise sind höher angesetzt, 4,99 $–9,99 $, und ich habe einige Sammelbände zwischen 6,99 $ und 19,99 $.

Preise über 9,99 $ bzw. € sind bei Amazon nicht zu empfehlen, da dann die Tantiemen sinken, aber bei Apple und Kobo kannst du höher gehen und trotzdem die höchsten Tantiemen erhalten. Die Leser dort sind es eher gewohnt, höhere Preise zu zahlen.

## Ein paar weitere nützliche Punkte:

Viele der Plattformen nutzen ein **Serienfeld,** um Bücher einer Serie zusammenzufassen. Achte darauf, dass du den Seriennamen bei jedem Buch gleich buchstabierst, damit sie richtig miteinander verknüpft werden. Das ist für die verschiedenen Algorithmen entscheidend, um die Bücher als Serie zu empfehlen. Und wenn du noch keine Serie schreibst – warum nicht?! Es ist der beste Weg, als Autor mehr Geld zu verdienen.

Du kannst auch **Vorbestellungen** bei den Einzelhändlern verwenden, die jeweils unterschiedliche Richtlinien haben. Das ist nützlich, wenn du eine Serie hast und weißt, dass mehr Bücher kommen. So kannst du deine Verkäufe über einen längeren Zeitraum hinweg ankurbeln, statt auf die Einführungswoche zu warten und dann zu versuchen, Aufmerksamkeit zu erregen.

## Wie funktioniert die Bezahlung?

Der Tantiemenprozentsatz variiert je nach Einzelhändler, nach Region und auch danach, ob du am exklusiven KDP-Select-Programm von Amazon teilnimmst. Über die Vor- und Nachteile der Exklusivität kannst du dich hier informieren: www.TheCreativePenn.com/exclusive.

Die Spanne beträgt in der Regel 35 %–70 % des Nettopreises, den du als selbstveröffentlichter Autor selber festlegst. Du wirst in der Regel 60 Tage nach dem Ende des Verkaufsmonats bezahlt. So erhalte ich zum Beispiel Ende Mai Tantiemen aus den März-Verkäufen. Einige Einzelhändler zahlen monatlich und vierteljährlich mit PayPal. Ich kann jederzeit Berichte über meine Verkäufe bei allen großen Einzelhändlern einsehen und damit meinen Cashflow prognostizieren.

# 1.6 Wie man ein Printbuch selbst veröffentlicht

Ja, du willst ein Printbuch. Du willst es in der Hand halten und sagen: „Ich habe das gemacht." Wenn du mir ähnelst, willst du auch ein „Eitelkeitsregal" mit all deinen Büchern! Und warum nicht, es ist eine große Leistung.

Viele Leser lesen noch immer nur Printbücher und du solltest dir diesen Teil des Marktes nicht entgehen lassen. Die Verkäufe von Printbüchern machen jetzt 21 % meiner Buchverkäufe aus; sie können dir also viel Geld einbringen.

Im März 2015 berichtete *The Bookseller*, der Online-Verkauf von Printbüchern hätte denjenigen in physischen Buchhandlungen überholt. Der Online-Verkauf eines Printbuchs kann also immer noch effektiv sein. Es ist auch gut, Printbücher für Vorträge, Marketing und als Werbegeschenke zu haben, sonst wirst du von einigen Leuten nicht als „echter" Autor betrachtet. Vielleicht albern, aber es kommt immer noch überraschend häufig vor.

Es ist auch gut für den **Preisvergleich**. Betrachte eine Buchverkaufsseite bei Amazon: Wenn es dort ein E-Book und ein Printbuch gibt, ist das E-Book meist deutlich günstiger als das Printbuch und wirkt wie ein Schnäppchen. Ein Printbuch zum reinen Preisvergleich zu haben, ist also ein guter Grund, es zu tun. Deshalb habe ich auch für meine kurzen Novellen ein Printbuch herausgebracht.

Es gibt zwei Hauptoptionen für die Veröffentlichung von Printbüchern:

## Print-on-Demand

Du lädst das Buchinnere und deine Coverdateien bei einem der Print-on-Demand (POD)-Serviceunternehmen hoch.

Bei einer Bestellung des Buches wird ein Exemplar gedruckt und direkt an den Kunden geschickt. Keine Vorauszahlung für Druckauflagen. Keine Lagerhaltung. Du musst auch nicht zum Postamt gehen. Du erhältst den Gewinn direkt nach dem Verkauf. Ich empfehle diese Option für die meisten Menschen, da es hier nur ein sehr geringes Risiko gibt und du ein paar Exemplare für Werbegeschenke, Marketing und dein eigenes Bücherregal kaufen kannst. So mache ich es und ich bin damit sehr zufrieden.

## Kleine Auflage

Diese Option beinhaltet die Zusammenarbeit mit einem Partnerverlag oder einer Druckerei und das Drucken einer bestimmten Anzahl von Exemplaren vor dem Vertrieb oder Kauf durch Kunden. Du musst dafür im Voraus zahlen. Das bedeutet einen finanziellen Aufwand, möglicherweise sogar einen erheblichen.

Diese Option ist nur zu empfehlen, wenn du eine Vertriebsmethode hast, z. B. wenn du ein Redner bist und Bücher nach deinen Vorträgen verkaufst oder wenn du einen garantierten Umsatz hast. Ich habe einmal eine solche kleine Druckauflage machen lassen – ich habe dabei Geld verloren und die Bücher landeten auf der Mülldeponie. Sei also bitte vorsichtig und kalkuliere sorgfältig, wenn du diesen Weg gehen willst. Wenn du eine kleine Auflage machen willst, berücksichtige auch den Versand. Bücher sind schwer und das kann zu erheblichen Kosten führen.

## Vor der Veröffentlichung

Du musst ein formatiertes Buchinneres und ein Cover fertig haben, bevor du veröffentlichst. Du musst die Größe (das Format) des Printbuchs bestimmen und entweder die Dateien selbst erstellen oder einen professionellen Schriftsetzer bezahlen, der es für dich tut.

Für die Formatierung des Innenteils gibt es folgende Optionen:

- Verwende die **kostenlosen Vorlagen,** die bei den POD-Unternehmen erhältlich sind. Lade einfach die Vorlagen für die gewünschte Größe herunter und vervollständige sie.

- Für das Buchinnere kannst du auch die preiswerten und sehr professionellen Vorlagen von Book Design Templates wählen: www.TheCreativePenn.com/templates

- **Bezahle einen professionellen Schriftsetzer**. Hier findest du meine Liste: www.TheCreativePenn.com/formatting (deutsche Liste s. Anhang). Du kannst sie auch online suchen oder andere Indie-Autoren nach ihren Empfehlungen fragen.

## Empfohlene Print-on-Demand-Unternehmen

Es gibt zwei Hauptoptionen für Print-on-Demand, die beide von vielen Autoren empfohlen werden.

## KDP Print (früher CreateSpace)

Dies ist Amazons eigene Print-on-Demand-Firma. Sie verfügt über einen einfachen Assistenten, herunterladbare Vorlagen und eine Online-Hilfe.

Sobald du deine Dateien hochgeladen hast, werden dir die Kosten für das Buch angezeigt und du kannst den Gewinn bestimmen, den du erzielen möchtest. Du kannst das Buch danach online prüfen oder ein Probeexemplar bestellen, um zu überprüfen, ob alles in Ordnung ist, bevor du den Verkauf genehmigst. Die Veröffentlichung ist kostenlos. Die einzige Gebühr, die anfällt, ist für das Probeexemplar. Danach wirst du pro Verkauf bezahlt.

Die erweiterte Vertriebsoption bedeutet, dass dein Buch in den Online-Buchhandlungen auf der ganzen Welt erhältlich sein wird.

Ein kleiner Tipp: Wenn du regelmäßig deine eigenen Bücher bei Amazon bestellst, kannst du den kostenlosen Versand mit Amazon Prime nutzen.

## IngramSpark

Wenn deine Bücher in lokalen Buchhandlungen und Bibliotheken verfügbar sein sollen, ist IngramSpark eine bessere Wahl als KDP Print. Du musst noch die verschiedenen Stellen für die Buchbestellungen organisieren, aber Einzelhändler sind eher bereit, Bücher zu lagern, die von IngramSpark kommen.

Es gibt einige Kosten, die davon abhängen, was du mit deinen Büchern vorhast. Du musst also entscheiden, wie Print in *deine* Definition von Erfolg passt. Wichtig: Denke daran, wenn du in Buchhandlungen verkaufen willst, dass du nicht vergisst, Rabatte und Retouren zu berücksichtigen, die sich stark auf die Rentabilität auswirken können.

Viele professionelle Indies nutzen KDP Print für Amazon und IngramSpark für den erweiterten Vertrieb an Buchhandlungen. (Anmerkung: Ähnliche POD-Anbieter für Deutschland sind z. B. Books on Demand und Tredition, siehe Anhang.)

## Ein Wort zu ISBNs

Viele Indies halten ISBNs für wichtig und das sind sie sicherlich, wenn du physische Bücher in Buchhandlungen verkaufen oder an Bibliotheken verteilen willst. Sie sind unerlässlich für die Bestellsysteme der Buchhandlungen und Bibliotheken, um Bücher zu verfolgen.

Aber du brauchst keine ISBNs, um vom Schreiben zu leben, also ist es eine persönliche Entscheidung. Du kannst ohne sie anfangen und sie später benutzen, sobald dein Autorengeschäft wächst, so wie ich es getan habe.

## Wie funktioniert die Bezahlung bei Print-on-Demand?

Du legst den Gewinn fest, den du pro Buch erzielen möchtest, und kannst jederzeit Verkaufszahlen online einsehen. Du wirst am Ende des Monats nach dem Verkaufsmonat durch direkte Überweisung oder Scheck (abhängig von deinem Land) bezahlt.

# 1.7 Wie man selbst ein Hörbuch veröffentlicht

Der Markt für Hörbücher ist unglaublich spannend und es gab in den letzten Jahren einige große technologische Entwicklungen, die das Wachstum von Audio auch in Zukunft vorantreiben werden.

Streaming Audio in Handy-Apps bedeutet, dass es einfacher denn je ist, Hörbücher und Podcasts zu konsumieren. Google Auto und Apple Carplay brachten Streaming Audio 2016 in die Autos, so dass sich nun auch Pendler Hörbücher anhören können.

Mit Amazon Echo und Google Home hielt Audio Einzug in die Wohnzimmer und kann mit mobilen Geräten synchronisiert werden. Die Whispersync-Technologie bedeutet, dass du beim Frühstück auf deinem Handy oder Gerät lesen kannst, dann ins Auto steigst und weiterhörst, wo du aufgehört hast zu lesen. Wenn du abends nach Hause kommst, bereitest du das Abendessen zu und hörst währenddessen auf deinem Echo weiter. Das alles geschieht nahtlos, ohne den Anschluss zu verlieren. Amazon bündelt auch Hörbücher mit E-Books: Wenn ein Kunde eine E-Book-Version besitzt, ist das Hörbuch billiger.

Darüber hinaus ist die Anzahl der derzeit verfügbaren Hörbücher deutlich geringer als die der Print- oder E-Books. Damit hast du bei Hörbüchern eine größere Chance aufzufallen. Die meisten traditionell veröffentlichten Autoren haben ihre Hörbuchrechte dem Verlag übergeben und viele ihrer Bücher werden nie in Audio umgewandelt. Damit haben Indies den Vorteil, schneller auf diesen wachsenden Markt reagieren zu können.

## Verwende ACX, um Audiobooks verlagsunabhängig zu veröffentlichen

ACX.com ist die Audiobook Creation Exchange (Austauschbörse für Hörbuchproduktion), auf der Autoren und Rechteinhaber mit Sprechern und Produzenten zusammenarbeiten können, um Hörbücher selbst zu veröffentlichen. Es ist ein Amazon-Unternehmen und dein Buch ist dann bei Amazon, Audible und iTunes erhältlich.

Zum jetzigen Zeitpunkt ist ACX.com nur für Autoren in den USA, Kanada, Großbritannien und Irland verfügbar, aber hoffentlich werden sie im Laufe der Zeit auch in andere Gebiete expandieren. Es ist möglich, Audiobooks *ohne* ACX zu veröffentlichen, aber das ist schwieriger.

Wenn du mehr darüber erfahren möchtest, lies *Making Tracks: A Writer's Guide to Audiobooks and How to Produce them* von J. Daniel Sawyer.

Es gibt auch andere Unternehmen, die dir helfen können, deine Bücher in Hörbücher umzuwandeln (für deutsche Anbieter siehe Anhang). Wenn du in den USA oder Großbritannien lebst, funktioniert der Prozess wie folgt:

## Der Rechteinhaber/Autor meldet sich bei ACX an und wählt sein Buch

Du kannst mit der Amazon-ASIN suchen, der Nummer, die Amazon jedem Buch im Shop zuweist. Du musst die Rechte dazu besitzen, z. B. wenn du ein Indie bist, der keinen Verlagsvertrag für das Buch abgeschlossen hat, oder ein traditionell veröffentlichter Autor, der die Audiorechte nicht verkauft hat.

## Gib für den Sprecher zusätzliche relevante Details zum Buch ein

Zum Beispiel, welche Stimme wäre die beste? Ein älterer Mann gegenüber einer jungen Frau wären zwei Extreme. Du fügst auch Informationen über Rezensionen und Verkäufe hinzu, was besonders wichtig ist, wenn du einen erfahrenen Sprecher gewinnen willst.

## Entscheide dich für einen Vertrag

Dies sind die Möglichkeiten:

a) Zahle dem Sprecher einen Betrag pro fertiger Audiostunde und behalte die gesamten Tantiemen.

b) Wähle eine 50:50-Verteilung der Tantiemen mit dem Sprecher ohne Vorauszahlung.

c) Nimm das Hörbuch woanders auf, entweder selbst oder mit einem externen Sprecher, lade es hoch und behalte die gesamten Tantiemen.

## Entscheide, ob du exklusiv bei ACX sein willst

Wenn du exklusiv bist, erhältst du höhere Tantiemen, aber du kannst nicht außerhalb der Kanäle von Amazon, Audible und iTunes verkaufen.

Da sich Hörbücher weiterhin als Format im Aufwind befinden, ist es wahrscheinlich, dass bei verschiedenen Anbietern neue Möglichkeiten für Indies entstehen, wie es bei E-Books auch der Fall war.

## Lade einen Auszug aus deinem Buch hoch, damit Sprecher dir eine Hörprobe schicken können

Die Sprecher werden auf dein Buch aufmerksam gemacht und einige werden für dich vorsprechen. Bei einer Hörprobe kannst du entscheiden, ob der Sprecher der richtige für dich ist.

Du kannst Hörproben ablehnen und Feedback geben, wenn du willst. Wenn sich kein Sprecher meldet, liegt es wahrscheinlich daran, dass dein Buch nicht genügend Rezensionen oder Verkäufe hat. Du kannst auch über deine Autorenkontakte Sprecher finden und nach ihnen suchen, statt passiv zu warten. Ich fand zwei meiner Sprecher durch Empfehlungen von Freunden und ein anderer fand mich über ACX.

## Wenn du den richtigen Sprecher gefunden hast, akzeptiere die Hörprobe und entscheide dann über die Termine für die Produktion

Du musst die Dateien selbst überprüfen, indem du sie dir anhörst und auf offensichtliche Fehler im Text oder in der Tonqualität achtest. Ich vertraue auf die Professionalität meiner Sprecher und betrachte das Hörbuch als eine Adaption, deshalb korrigiere ich nur offensichtliche Aussprachefehler, die in der Regel von der britischen vs. amerikanischen Aussprache herrühren.

Sobald die Dateien diese Qualitätskontrolle durchlaufen haben, kann das Hörbuch veröffentlicht werden. Du wirst einige Promo-Codes von ACX erhalten und kannst damit einige frühe Rezensionen bekommen. Dann sollte der Verkauf beginnen.

## Die finanzielle Seite von Audio

Wenn du eine Tantiemenverteilung mit einem Sprecher vereinbarst, musst du nichts im Voraus bezahlen und teilst einfach die Tantiemen zwischen euch auf. ACX macht das für dich und das Geld wird jeden Monat auf dein Bankkonto überwiesen. Ich persönlich finde es toll und im letzten Jahr war es eine fantastische neue Einnahmequelle für mich und viele andere Autoren.

Du kannst deinen Sprecher auch im Voraus bezahlen, was mehrere Hundert Dollar pro fertiger Audiostunde kosten wird. Du kannst sogar ein Studio mieten und das Buch selbst einsprechen, wie ich es bei meinem Buch

*Business for Authors: How to be an Author Entrepreneur* getan habe. Die Studiokosten und die Kosten für Unterstützung bei der Audioproduktion variieren. Die meisten Autoren mit guten Verkaufszahlen können diese Vorabkosten innerhalb des ersten Jahres wieder hereinholen. Zukünftige Verkäufe werden Gewinne sein. Wenn du die Rechte behältst, kann das langfristig eine beträchtliche Einnahmequelle sein.

## Weitere Hilfe zum Thema Audio:

Es klingt so, als wäre es kompliziert, das ist es aber wirklich nicht. Es ist viel einfacher, als darüber zu schreiben! Wenn du mehr Details erfahren möchtest, besuche:

www.TheCreativePenn.com/audiobooks

# 1.8 Wie man mit Büchern tatsächlich Geld verdient

Ich nehme an, dass du dieses Buch liest, weil Erfolg für dich zumindest teilweise durch Umsatz und Einkommen definiert wird. In diesem Abschnitt werden wir also durchgehen, wie man mit Büchern tatsächlich Geld verdient.

## (1) Mehr Bücher schreiben

Das mag offensichtlich sein, aber es ist erstaunlich, wie viele Autoren davon ausgehen, dass sie von nur zwei Büchern oder sogar nur einem Buch ein gutes Leben führen können.

Aber denke mal an andere Unternehmen und Geschäfte.

Welcher Einzelhändler bezieht seinen Umsatz nur aus einer kleinen Anzahl von Produkten? Basiert irgendein Verleger sein Einkommen auf nur ein paar Büchern?

Wenn man sich die bestbezahlten Autoren der Welt ansieht, haben sie im Allgemeinen eine große Anzahl von Büchern und schreiben schon seit langem. Viele schreiben mehrere Bücher pro Jahr. Wenn du gerne schreibst, sollte das für dich kein Problem sein. Das ist der Teil, der Spaß macht. Hier sind noch ein paar gute Nachrichten:

**Je mehr Bücher du hast, desto WENIGER musst du sie vermarkten,** denn du hast schon ein Publikum, das darauf wartet, eine wesentliche Anzahl von Büchern in den digitalen Regalen und dadurch mehrere Einnahmequellen.

Wenn du zwanzig Bücher hast und von jedem Buch

pro Tag nur ein paar Exemplare verkauft werden, wirst du im Laufe der Zeit immer noch mehr Geld verdienen als jemand mit nur einem Buch. Ein Buch mit einem fantastischen Start (Launch) könnte zunächst einen schnellen Umsatzanstieg haben, aber im Laufe der Zeit werden die Zahlen sinken, es sei denn, ein anderes Buch kommt heraus, um den Umsatz zu steigern.

Und wenn du mehr Bücher schreibst, wirst du mit der Zeit natürlich auch ein besserer Autor.

## (2) Bücher schreiben, die die Leute kaufen wollen: nach Genre oder Kategorie

Es spielt keine Rolle, wie viel Marketing du betreibst. Wenn du in einem Genre/einer Kategorie schreibst, das/die sich nicht verkauft, wirst du nicht in der Lage sein, vom Schreiben zu leben.

Hart, ich weiß. Aber wahr.

Natürlich solltest du das Buch deines Herzens schreiben. Das habe ich mit meinem ersten Buch und auch mit einigen meiner Romane getan. Das ist wichtig für deine kreative Integrität. Aber wenn du Jahre damit verbringst, Gedichte und literarische Kurzgeschichten zu schreiben, dann beschwere dich nicht, wenn du nicht von deiner Schriftstellerei leben kannst. Diese schreibst du aus Liebe, nicht unbedingt für Geld, und wir alle brauchen beides!

**Wenn du wissen möchtest, was die Leute kaufen, wirf einen Blick auf die meistverkauften Bücher bei Amazon.**

70 % der bestverkauften 200.000 E-Books stammen aus den Genres Romantik, Mystery/Thriller, Science Fiction und Fantasy.

Wenn man an der Schnittstelle dessen schreibt, was die Menschen gerne lesen und was man selbst gerne schreibt, hält man den Schlüssel zum Erfolg in den Händen.

Ich lese viel in verschiedenen Genres, darunter Poesie und literarische Fiktion. Aber als ich in meinem Brotberuf unglücklich war, las ich Thriller, um dem Elend des Tages zu entfliehen. Auf diese Weise konnte ich mein eigenes Leben für eine Weile vergessen und woanders stellvertretend leben. Das ist es, was Bücher für viele Menschen sind. Also schreibe ich jetzt diese Art von Thrillern, weil ich sie gerne lese, so wie viele andere Leute auch. Das Schreiben macht mir auch viel Spaß. Liebesromane sind ein besser verkauftes Genre, aber ich lese keine Liebesromane, also werde ich sie nicht schreiben. Du musst in das Genre eintauchen, um es gut schreiben zu können. Du kannst Hardcore-Leser nicht täuschen!

**Verbringe einige Zeit damit, dir die Subgenres und ihre Struktur anzusehen.**

Ich weiß, dass viele Schriftsteller es hassen, in eine Kategorie eingeordnet zu werden, aber du musst zwei Unterkategorien wählen, wenn du ein Buch selbst veröffentlichst, und auch dein Agent wird wissen wollen, was du schreibst, falls du einen traditionellen Vertrag willst. Du musst wissen, wer mit dir **vergleichbare Autoren** sind. Das wird dir helfen, die Genres zu untersuchen und herauszufinden, was sich besser verkauft.

Zum Beispiel schreibe ich Bücher, die in die Kategorien

„Übernatürliche Thriller“, „Verschwörungsthriller“ und „Action & Abenteuer“ passen. Meine Bücher passen hingegen nicht in die Kategorien Medizinische Thriller oder Spionage. Literarische Fiktion ist auch ein Genre und es gibt heutzutage viele Unterkategorien innerhalb der Kategorie.

**Überprüfe die Ranglisten der Bestseller in jedem Subgenre,** um herauszufinden, welche Kategorien sich am besten verkaufen. Wirf einen Blick auf die Cover und Titel sowie die Verkaufsbeschreibungen. Welche Bilder werden verwendet? Welche Erwartungen hat das Publikum bei dieser Art von Büchern? Was haben die meistverkauften Bücher gemeinsam? Wie kann sich dein Buch mit ihnen messen und was kannst du tun, um es zu verbessern?

> Unterstützung bei Genres und Kategorien findest du in den Berichten von K-lytics (derzeit nur für den amerikanischen Markt):
>
> www.TheCreativePenn.com/genre

## (3) Bücher schreiben, die die Menschen kaufen wollen: nach Suchbegriffen

Die Menschen lesen Bücher zur Unterhaltung, Inspiration oder Information. Wenn du noch kein Markenautor bist, ist es wahrscheinlicher, dass dein Sachbuch entdeckt wird, wenn es eine Frage beantwortet oder einem Leser hilft, ein Problem zu lösen.

Also, wie finden die Leute diese Bücher?

Sie suchen nach Kategorien und nutzen auch die Suchleiste der Online-Anbieter, um relevante Bücher zu finden.

Sie geben Suchbegriffe oder Keywords in Amazon oder Google ein und sehen sich die Ergebnisse an. **Amazon ist eine Suchmaschine für Menschen, die aktiv kaufbereit sind.** Daher sollte dein Buch auf jeden Fall in einem relevanten Suchergebnis erscheinen.

Probiere mal Folgendes aus:

Gehe zu Amazon und setze den Suchfilter auf den Kindle-Shop, damit du dich speziell auf E-Books konzentrierst.

Gib nun „Wie man …" ein und sieh dir an, was passiert.

Du erhältst ein Dropdown-Menü mit den wichtigsten Suchbegriffen, die mit diesen Wörtern beginnen.

Gib „Wie man ein Buch vermarktet" ein. Du solltest mein Buch auf der ersten Seite finden (gilt nur für die englische Ausgabe, *How to Market a Book*). Der Titel des Buches dient speziell dazu, die Auffindbarkeit zu erleichtern. Ich habe keinen extra cleveren Titel gewählt. Ich habe lediglich den bestmöglichen Suchbegriff als Titel verwendet, mit dem der Inhalt beschrieben werden konnte.

Ich habe das aber auf die harte Art und Weise gelernt.

Mein erstes Buch im Jahr 2008 hieß *Wie man seinen Job liebt oder einen neuen findet*. Nicht der inspirierendste Titel, oder? Im Jahr 2012, nachdem ich meinen Job aufgegeben hatte, aktualisierte ich die Inhalte und gab dem Buch einen neuen Titel. Es heißt jetzt *Karrierewechsel: Hör auf, deinen Job zu hassen, entdecke, was du wirklich mit deinem Leben anfangen willst, und beginne es zu tun.*

Das Buch hat einen hohen Rang beim Suchbegriff „Karrierewechsel"; die Leute finden es, obwohl ich kein Marketing für dieses Buch mache und es nicht mit meiner Online-Plattform in Verbindung steht.

Probiere diese Suchmethode für deine eigenen Themen

aus. Es ist erstaunlich, wonach die Leute suchen. Diese Übung könnte dir weitere Ideen für andere Bücher liefern.

## (4) Eine Serie schreiben und die Leute süchtig machen

Es hat einen Wandel in unserer Konsumkultur gegeben. Die Menschen sind heute daran gewöhnt, sich Serien in einem Serienmarathon anzusehen oder Bücher auf dieselbe Weise zu lesen. Sie wollen sich alle Folgen an einem Wochenende ansehen, nicht monatelang eine Folge pro Woche. Als die neueste Staffel von *Game of Thrones* herauskam, haben wir sie uns hintereinander in ein paar Tagen angesehen; es ist eine tolle Serie und wir wollten uns ganz und gar in sie vertiefen. Wir waren nicht die Einzigen, und genauso ist es auch bei Büchern.

Wenn du also eine Serie von Büchern hast, die Leute eines davon kaufen und ihnen die Figuren darin gefallen, werden sie wahrscheinlich auch das nächste kaufen und dir durch die Serie folgen. Das **maximiert deinen Umsatz pro Kunde**. Wenn du dagegen eigenständige Bücher ohne verwandte Figuren hast, kann es passieren, dass die Leute eines davon lesen und danach nicht auf den Rest deiner Bücher zurückgreifen.

Viele Autoren sprechen davon, dass fünf Bücher in einer Serie ein echter Wendepunkt für einen konstanten Verkauf sind. Das Ziel ist es, die Leser süchtig zu machen. Vor allem Autoren von Liebesromanen machen das sehr gut. Sieh dir die Serien von Bella Andre, Barbara Freethy und H. M. Ward an, damit du verstehst, wie echte Profis das machen.

Es funktioniert auch für Sachbücher, z. B. hat S. J. Scott viele Bücher über Gewohnheiten geschrieben, die jeweils einen bestimmten Aspekt der Entwicklung besserer Gewohnheiten behandeln. Menschen, die eines davon kaufen, werden höchstwahrscheinlich mehr in der Serie kaufen.

Du kannst auch **damit fortfahren, das erste Buch einer Serie zu promoten,** um Leser damit anzuziehen. Es spielt keine Rolle, ob das Buch schon vor einer Weile veröffentlicht wurde, weil es für irgendeinen Leser immer neu sein wird. Sobald Leser dich entdecken, egal bei welchem Buch in der Serie, werden sie wahrscheinlich zurückkommen und die ganze Backlist verschlingen. Ich bin sicher, dass du das als Leser selbst auch schon einmal so gemacht hast. Ich habe es jedenfalls so gemacht.

Du kannst auch ein kostenloses E-Book verwenden, um die Leute in die Serie einzuführen, so wie ich es mit *Stone of Fire, ARKANE #1* mache, das in allen E-Book-Buchhandlungen kostenlos erhältlich ist. Darin findet der Leser einen Vorgeschmack auf den Rest der Serie, der die Leute hoffentlich anzieht, denn es gibt acht weitere Bücher zum vollen Preis, die sie kaufen können.

Du kannst auch **schneller produzieren, wenn du eine Serie schreibst**. Du musst die Figuren oder deren Welt nicht jedes Mal neu erfinden. Du musst nur eine neue Handlung erfinden und deine Liste um die neuen Bücher erweitern, was zu mehr Einkommen führt.

## (5) Global, digital, mobil und langfristig denken

Die meisten Autoren sind kurzsichtig, wenn es darum geht, wo sie ihre Bücher verkaufen wollen. Sie ziehen nur die lokale Buchhandlung oder den landesweiten Verkauf in Betracht. Aber die Welt verändert sich und wenn du deine Rechte behältst, kannst du deine Bücher auf der ganzen Welt verkaufen.

Der größte Markt für englische E-Books besteht immer noch aus den USA, Großbritannien, Kanada und Australien, aber ich habe meine Bücher bereits in 84 Ländern verkauft und sie sind in 190 Ländern erhältlich. Derzeit sind die Umsätze in afrikanischen Subsahara-Ländern, Südamerika und Asien recht gering, aber vor einem Jahr gab es sie überhaupt noch nicht. Die Weiterentwicklung der mobilen, hyper-vernetzten Wirtschaft bedeutet, dass immer mehr Leser Bücher über Apps entdecken. Viele dieser Menschen leben nicht in der Nähe einer physischen Buchhandlung. Dadurch wird der Online-Handel die Art und Weise sein, wie sie Unterhaltung, Inspiration und Bildung konsumieren. Deine Bücher können von Menschen auf der ganzen Welt gelesen werden – das ist wirklich spannend!

Wenn du dir also Sorgen um die Abflachung des E-Book-Marktes machst, denke daran, dass der Rest der Welt kaum begonnen hat. Die nächsten zehn Jahre werden für den weltweiten Vertrieb äußerst spannend sein und ich persönlich erwarte, dass er jedes Jahr einen höheren Prozentsatz meines Einkommens ausmachen wird. Stelle sicher, dass du dich für diese Veränderung richtig positionierst.

## (6) In mehreren Genres und Längen schreiben

Denke darüber nach, was du sonst noch schreiben kannst. Beschränke dich nicht nur auf ein Genre.

Dieser Tunnelblick stammt aus dem traditionellen Verlagswesen, in dem die Autoren innerhalb einer Marke bleiben mussten, damit das Marketingteam ihre Bücher leichter in ein bestimmtes Buchhandlungsregal verkaufen konnte. Aber die Online-Verkaufswelt ist nuancierter und jetzt gibt es keine Grenzen mehr für das, was du tun kannst.

Bücher in verschiedenen Genres zu haben, kann auch gegen das Auf und Ab der Achterbahn der Buchverkäufe absichern. Meine Sachbücher verkaufen sich in einigen Monaten besser, meine Action-Abenteuer-Bücher dafür in anderen und die Krimis in den dunklen Wintermonaten! Ich habe die volle Absicht, in mehr Genres zu schreiben, um diesen Verbreiterungseffekt fortzusetzen.

Ich finde es auch einfacher, im Laufe des Tages zwischen Belletristik und Sachbuch zu wechseln. Ich kann mich nur ein paar Stunden lang auf das Schreiben von Romanen konzentrieren. Danach stelle ich mich und mein Gehirn um, indem ich für eine Weile Sachbücher schreibe. Dabei benutze ich einen anderen Teil meines Gehirns und das bedeutet, dass ich im Laufe der Zeit mehr Bücher schreiben kann.

Du kannst auch mehrere Autorennamen für verschiedene Genres verwenden, wenn du möchtest. Das funktioniert gut, wenn du ein Publikum mit verschiedenen Interessen hast. Zum Beispiel benutze ich J. F. Penn für meine Thriller und Joanna Penn für meine Sachbücher, da das Crossover recht klein ist. Wenn du erotische Romane und Kinderbücher schreibst, ist es auch eine gute Idee, verschiedene Namen zu verwenden! Aber ansonsten gibt es keine Regeln.

In Bezug auf die Länge sind Leser in der digitalen Welt kürzeren Werken weniger abgeneigt. Du wirst keinen Printbuchvertrag für eine Novelle bekommen (ca. 20.000–40.000 Wörter), aber du kannst sie definitiv als E-Book online verkaufen. Novellen oder kürzere Sachbücher wie dieses sind für die Leser leichter zu konsumieren und bieten einen hohen Wert zu einem günstigeren Preis. Sie sind auch viel einfacher und schneller zu schreiben.

## (7) Upselling in Erwägung ziehen

Es gibt einen festen Preis für Bücher. Er liegt in der Regel irgendwo zwischen 0 und etwa 100 €, wobei sich die meisten Preise am unteren Ende befinden, unter 15 €. Die Menschen wurden geschult, nur diesen Betrag für Bücher auszugeben, trotz des unglaublichen Wertes, der darin steckt.

Insbesondere wenn du Sachbücher schreibst, überlege dir, wie du das Material in Multimediakurse verpacken kannst, für die die Menschen gerne mehr zahlen. Menschen schätzen Video und Audio höher als Text, so dass sie für die gleichen Informationen, die nur in einer anderen Form verpackt sind, mehr zahlen.

Du kannst dies sogar weiter ausbauen: Menschen schätzen Zeit und Community höher ein als alles andere. Wenn du also Beratungsdienste, Veranstaltungen oder Zugang zu exklusiven Inhalten anbietest, kannst du noch mehr verkaufen. Ich werde auf diese Optionen in Teil 2 näher eingehen.

## (8) Deine eigene E-Mail-Liste ausbauen

Es gibt so viele Marketingmöglichkeiten, aber die am erfolgreichsten Autoren, die mit ihren Büchern eine Menge Geld verdienen, verfolgen nur ein paar Dinge konsequent.

Sie schreiben viele Bücher in populären Genres und erweitern ihre eigenen E-Mail-Listen. Sie bieten auf ihrer Website etwas Verlockendes kostenlos an und kommunizieren direkt mit ihren Lesern. Sie senden E-Mails, wenn neue Bücher erscheinen, und sie können sich durch die Verkäufe an ihre Fans an der Spitze der Bestsellerlisten halten. Außerdem setzen sie bezahlte Werbung ein.

> Für weitere Details siehe die Aufzeichnung des Webinars, das ich mit Nick Stephenson gemacht habe:
>
> www.TheCreativePenn.com/nickjo

Die Tipps in diesem Abschnitt sind alles, was du brauchst, wenn du nur mit Büchern Geld verdienen willst. Aber wenn du dein Einkommen in anderen Bereichen ausbauen willst, dann lies weiter.

# Teil 2: Wie man auf andere Weise Geld verdient

# 2.1 Ein Unternehmen, das auf Content-Marketing basiert

In diesem Abschnitt geht es darum, online ein Unternehmen aufzubauen, indem mehrere Einnahmequellen erschlossen werden, die auf Content-Marketing basieren.

> Wenn wir die Bücher aus der Gleichung herausnehmen, was sind dann die anderen möglichen Einnahmequellen aus deiner Schriftstellerei?

Dies ist nur eine grobe Übersicht – wir werden in den nächsten Kapiteln näher darauf eingehen:

- **Produktverkauf** – Digital, z. B. E-Books, Online-Kurse. Physisch, z. B. T-Shirts, Zeitschriften, Tassen und andere Waren.
- **Verkauf von Dienstleistungen** – Beratung, Coaching, professionelles Sprechen, freiberufliches Schreiben, Copywriting etc.
- **Werbung oder Sponsoring** – kann auf Traffic basieren, z. B. YouTube-Videos, oder auf Nischen, z. B. eine Tiernahrungsfabrik, die einen Haustierblog sponsert. Dazu kann auch das Fan-Sponsoring über Patreon gehören.
- **Einkommen durch Affiliate-Marketing** – ethischer Verkauf von Produkten oder Diensten anderer

Leute, wofür man einen Prozentsatz des Verkaufserlöses erhält.

## Was ist Content-Marketing?

Um ein Unternehmen zu führen, brauchst du Kunden, die Geld für deine Produkte oder Dienstleistungen ausgeben, was dir Geld einbringt und im Gegenzug einen Wert schafft.

Aber wie bringt man Kunden dazu, zu einem zu kommen?

Bücher kaufen die Kunden bereits bei den Online-Händlern wie Amazon, Kobo und iBooks ein; dadurch musst du nur deine Chancen, gefunden zu werden, maximieren. Wenn du viele Bücher schreiben kannst, ist das deine Content-Marketing-Strategie. Deine Bücher sind der Inhalt, der die Menschen zu deinen anderen Büchern führt. Wenn du aber keine große Menge an Büchern schreibst und mehrere Einnahmequellen anzapfen willst, musst du einen anderen Weg finden, Kunden anzuziehen.

Es gibt viele Online-Unternehmen, die ihre Kunden vor allem durch bezahlte Werbung gewinnen. Ich benutze einige bezahlte Anzeigen, aber hauptsächlich wird mein Geschäft durch Content-Marketing angetrieben.

Das ist die Idee hinter der **Autorenplattform**: Im Grunde genommen ist es eine Möglichkeit für dich, Kunden zu kontaktieren, sei es per E-Mail-Liste, Blog, Podcast oder Abonnenten auf Social Media.

> *Hinweis:* Wenn du eine eigene Autorenwebsite benötigst, sieh dir mal mein kostenloses Video-Tutorial an, wie du deine eigene Website in weniger als 30

Minuten erstellen kannst: www.TheCreativePenn.com/authorwebsite

Content-Marketing ist im Wesentlichen die Schaffung von qualitativ hochwertigen Inhalten, die unterhaltsam, inspirierend oder lehrreich sind, um einen bestimmten Zielmarkt zu erreichen. Das kann durch geschriebene Artikel oder Blogposts, Podcasts, Audio, Video oder Bilder geschehen, für die du all deine Schreibfähigkeiten auf unterschiedliche Weise nutzen kannst.

**Denke daran: Dein Inhalt muss etwas aussagen, wenn du Geld verdienen willst!**

Zu viele Autoren stellen einfach Dinge ins Internet, ohne einen klaren Plan dafür zu haben, was als Nächstes passieren soll.

Dein Ziel ist, dass sich Menschen zu deinen Inhalten hingezogen fühlen und sich in deiner E-Mail-Liste eintragen, dich abonnieren, dir folgen, dich liken oder am Ende deine Bücher/Produkte/Dienste kaufen. Das wird als Freemium-Modell bezeichnet – du verschenkst kostenlos qualitativ hochwertige Inhalte, die Menschen lernen dich kennen, beginnen dir zu vertrauen und kaufen dann schließlich deine Produkte oder Dienstleistungen.

Wenn du eine Website hast, rufe sie auf und betrachte sie, als wärst du zum ersten Mal dort.

Gibt es dort eine Möglichkeit, sich in deine E-Mail-Liste einzutragen? Gibt es einen klaren Anreiz dazu, indem du etwas Interessantes anbietest, das der Kunde tatsächlich will? Gibt es einen Webshop oder einen Bücher-Link oder eine Schaltfläche zu einem Online-Geschäft oder eine

Schaltfläche „Kaufen"? Was soll der Kunde als Nächstes tun?

Ein weiterer Vorteil einer Online-Plattform ist, dass du deine Autorität und Marke online aufbauen kannst, was andere Möglichkeiten wie Reden, Podcast-Interviews und das Potential bietet, als Vordenker in deiner Branche betrachtet zu werden.

Meine Website, TheCreativePenn.com, ist Content-Marketing, das auf Autoren und Schriftsteller abzielt. Sie bietet:

- Textbeiträge
- Podcast-Interviews mit Transkripten
- Videos

Diese Beiträge behandeln spezifische, für Autoren relevante Themen, die in der Regel lehrreich und inspirierend sind und kostenlos einen großen Wert bieten. Die Titel wurden für Suchbegriffe optimiert und machen deutlich, worum es bei den Inhalten geht.

Ich habe mit dem Blog im Dezember 2008 angefangen, mit dem Podcast im März 2009 und biete seitdem konsequent alle 2–3 Tage Bildung und Inspiration. Dies ist der Motor, der mein Unternehmen antreibt. Ohne ihn hätte ich meinen Job 2011 auf keinen Fall aufgeben und jetzt ein Unternehmen mit sechsstelligen Einnahmen führen können.

Auf meiner Belletristikwebsite JFPenn.com tue ich dasselbe in geringerem Umfang. Ich schreibe Artikel und mache Videos über meinen Rechercheprozess und interviewe auch andere Thrillerautoren. Ziel ist es hier, mit anderen Autoren in Kontakt zu treten, aber meinen Lesern auch Einblicke und interessante Inhalte zu bieten.

## Es geht nicht nur ums Geld. Es kann dein Leben verändern!

Ein Blog, Podcast oder YouTube-Kanal ist heutzutage eine globale Publishing-Plattform. Es ist deine Art, dich direkt mit den Menschen in Verbindung zu setzen, die das lieben, was du machst, und daran interessiert sind, wie du die Welt siehst. Das kann auch ein Instagram-Konto, eine Facebook-Seite oder eine andere Weise sein, auf die du Leute erreichst.

Aber konzentrieren wir uns auf das Schreiben, wir sind ja schließlich Schriftsteller!

Bloggen ermöglicht es dir, deine Stimme zu verstärken, etwas Neues in die Welt zu bringen, das Leben von Menschen zu verändern, sich mit anderen Menschen zu vernetzen und potenziell Geld zu verdienen.

> Ich schreibe die Veränderung meines Lebens voll und ganz meinem Blog auf TheCreativePenn.com zu.

Er ermöglichte es mir, **meine „Autorenstimme" zu entwickeln** – von einem unternehmensorientierten Ausdrucksstil und Geschäftskorrespondenz ohne persönliche Note zu einem viel entspannteren und offeneren Kommunikationsstil über Text, Video und Audio.

Ich begann, **meine Dienste als professionelle Redne-**

**rin und meine Online-Kurse über den Blog zu verkaufen,** und dies führte dazu, dass ich meinen Job aufgeben konnte. Meine Buchverkäufe machten zunächst einen kleinen Prozentsatz meines Einkommens aus und sind im Laufe der Zeit gestiegen. Ich habe auf der ganzen Welt gesprochen, einschließlich Bali, Schweden, den USA und Neuseeland sowie in ganz Großbritannien, alles wegen meines Online-Profils.

Meine Inhalte zogen Menschen an, die bereits am Self-Publishing interessiert waren, bevor es Mainstream wurde. Ich fand **eine Community neuer Freunde**, die für mich auf meiner Reise wichtig waren. Diese Freundschaften ermöglichten es mir, mich auch in die Belletristik zu wagen, und führten in direkter Weise dazu, dass ich einen Agenten bekam und auf den Bestsellerlisten der *New York Times* und *USA Today* landete.

Diese immateriellen Vorteile treten auf natürliche Weise ein, wenn man online wertvolle Inhalte in seiner Nische mit anderen teilt.

Das Bloggen half mir, **mich in meiner Rolle als unabhängige Autorin als Vordenkerin zu etablieren**. Podcasting führte zu einer weiteren Dimension, da ich buchstäblich in der Lage war, die Stimmen anderer Leute hinzuzufügen.

Inhalt ist also der Motor, der die Leute zu deiner Website bringen kann, aber was kaufen sie dort?

# 2.2 Produktverkäufe

Egal ob deine Bücher bei einem traditionellen Verlag verfügbar sind oder du sie selbst veröffentlicht hast, du brauchst Produktseiten für jedes deiner Bücher mit Links zu allen Anbietern, bei denen sie gekauft werden können. Solche Mehrfachlinks sind wichtig, da es für dich sehr schwierig sein wird, Merchandising durch Websites wie Apple oder Kobo zu erhalten, wenn du nicht zu deren Kaufseiten verlinkst.

Aber Bücher sind nicht die einzigen Produkte, die du an Kunden verkaufen kannst. Hier sind einige weitere Möglichkeiten für den Verkauf von Produkten.

## Digitale Produkte

Digitale Produkte sind im Prinzip solche, die vom Kunden von einer Website heruntergeladen, online angesehen/konsumiert oder ihm per E-Mail zugestellt werden können. Du benötigst keinen physischen Versand und keine Lagerung, was bedeutet, dass die Gewinnmargen in der Regel viel höher sind als bei physischen Gütern. Beispiele sind unter anderem:

## Leitfäden oder Ressourcen

Wenn du dein Sachbuch bei Amazon, iBooks, Kobo und den anderen Geschäften verkaufst, wird der Preis vom Markt bestimmt, der in der Regel eine Obergrenze hat.

Sieh dir jede beliebige Neuerscheinung eines erfolgreichen Autors an und du wirst sehen, dass diese Obergrenze sogar für die großen Namen gilt. Aber du kannst dein Wissen in eine PDF-Datei verpacken und diese direkt auf deiner Website verkaufen, wobei du den Preis viel höher ansetzen kannst, als du es in den Geschäften könntest.

Viele Unternehmen verkaufen Informationen auf diese Weise und nennen sie nicht „Bücher“, sondern „Leitfäden“ oder „Ressourcen“. Die Informationen sind die gleichen wie in einem Buch, aber beim Direktverkauf kannst du deinen Markt gezielter ansprechen und die Leute werden gerne mehr zahlen.

## Multimedia-Kurse

In den letzten Jahren konnte ein enormes Wachstum von MOOCs verzeichnet werden – offenen Massen-Online-Kursen. Beispiele findest du bei Udemy, Coursera, Teachable, CreativeLive und Masterclass, wo ich kürzlich James Pattersons Schreibkurs absolviert habe.

Die Popularität und das Wachstum dieses „Learning on Demand“ wurde demonstriert, als LinkedIn im April 2015 Lynda.com mit der Absicht kaufte, ausgereifte, bedarfsorientierte Weiterbildung in das mächtigste professionelle soziale Netzwerk der Welt zu integrieren.

Du kannst deine eigenen Kurse erstellen und sie auf deiner eigenen Website hosten oder andere Plattformen verwenden. Ich benutze Teachable.com, um meine eigenen Kurse über das Schreiben von Belletristik und Sachbüchern sowie über geschäftliche Aspekte des Autorendaseins zu hosten.

## Einige Tipps zu Multimedia-Kursen

Ich habe in den letzten Jahren eine Reihe von Online-Kursen aufgenommen. Hier sind einige Gedanken, die dir helfen können, wenn du das auch in Betracht ziehst:

**Finde heraus, was die Menschen tatsächlich wollen und kaufen werden. Kreiere** nicht einfach etwas, von dem du denkst, dass sie es brauchen. Wenn du bereits ein Publikum hast, mach eine Umfrage. Wenn nicht, nutze die Twitter-Suche oder andere soziale Tools, um herauszufinden, was die Leute wollen.

**Wähle den Titel sehr sorgfältig aus**. Wenn er Anklang findet, werden die Leute das Produkt kaufen. Das gleiche Prinzip gilt auch für Buchtitel. Der Titel sollte sprachlich auf den Vorteilen und nicht auf den Merkmalen basieren. Der Wortlaut sollte widerspiegeln, wonach deine Zielgruppe wirklich sucht.

**Versuche nicht, alles in den Kurs aufzunehmen**. Konzentriere jedes Audio oder Video auf ein einziges Thema und versuche nicht, alles auf einmal zu vermitteln. Verliere den Fokus nicht.

**Sorge für einen guten und gut funktionierenden Kundenservice,** bevor du verkaufst. Einer der Gründe, warum ich gerne Bücher schreibe, ist die Freiheit, meine Arbeit selbst zu gestalten und zu veröffentlichen. Es gibt keinen Kundenservice außer dem Austausch von E-Mails mit zufriedenen Lesern.

Wenn du Kurse erstellst, insbesondere von deiner eigenen Website aus, musst du dich mit Kunden über technische Probleme verständigen und öfter verfügbar sein, um Fragen zu beantworten. Überlege dir, wie du all dies handhaben wirst, bevor du damit anfängst. Wenn dein Kurs sehr erfolgreich ist, könnten dich Tausende von Menschen um Hilfe bitten.

## Verkauf von physischen Produkten

Im Gegensatz zu digitalen Produkten haben physische Produkte Masse, nehmen Platz ein und benötigen physischen Versand. Aber die Leute lieben sie!

Das offensichtlichste physische Produkt für Schriftsteller ist das **signierte Printbuch**.

Viele Autoren haben eine separate Seite für signierte Bücher und einen Link zum Kauf über PayPal. Du musst einen Vorrat in deinem Haus halten und das Buch dann bei der Post aufgeben, wenn du es dem Kunden senden willst. Persönlich denke ich, dass der Zeitaufwand und die sehr geringe Marge das eher zu einer Marketingaktivität als zu einer Einnahmequelle machen, aber einige Autoren tun es trotzdem gerne.

Viele Autoren bieten auch Werbegeschenke und andere Merchandise-Artikel auf ihrer Website an. Du kannst Lagerbestände führen und selbst versenden oder On-Demand-Dienste nutzen. Der Comiczeichner XKCD hat Bücher, T-Shirts, Aufkleber und vieles mehr in seinem Online-Shop. Ein einfacheres Beispiel wäre David bei ThePassiveVoice.com, einem großartigen Blog über die Verlagsbranche. David verkauft in seiner Seitenleiste T-Shirts mit intelligenten Indie-Sprüchen von Zazzle, das die T-Shirts auf Anfrage druckt.

Der Verkauf von physischen Produkten online ist ein großes Thema. Wenn es dich also interessiert, solltest du definitiv recherchieren, aber mit gebührender Sorgfalt. Persönlich verkaufe ich (noch) keine anderen physischen Produkte als Print-on-Demand-Bücher, so dass mein Schwerpunkt mehr auf dem digitalen Verkauf liegt.

## Optionen für die Zahlungsabwicklung

Es ist heute sehr einfach, Zahlungen online durchzuführen, und du brauchst kein spezielles Bankkonto einzurichten, um das zu tun. Zu den Optionen gehören:

- PayPal-Buttons – die einfachste Lösung
- Gumroad, Selz, Payhip oder e-Junkie – verfügen über integrierte Produktlieferung, Social Sharing und Zahlungsmöglichkeiten mit Bankkarten sowie PayPal
- WooCommerce, Shopify – umfangreichere Einkaufswagen für ein größeres Angebot

Es werden ständig weitere Optionen entwickelt.

Mein eigener Ansatz: Ich verkaufe meine Kurse mit Teachable, einem gehosteten Dienst, und nutze Selz, um E-Books und Audio von meiner Website aus direkt an Kunden zu verkaufen.

* * *

## Ein paar Worte zu den am 31. Dezember 2014 eingeführten europäischen Mehrwertsteuervorschriften:

Früher wurde die Mehrwertsteuer im Land des Verkäufers erhoben. Wenn du digitale Produkte direkt an Kunden mit Wohnsitz in EU-Ländern verkaufst, bist du nun verpflichtet, die Mehrwertsteuer in den Ländern zu zahlen, in denen der *Kunde* seinen Wohnsitz hat. Obwohl dies am Anfang ein Problem war, übernehmen viele Online-Einzelhändler nun die Mehrwertsteuerberechnung für dich. Überprüfe also beim Zahlungsabwicklungsdienst, den du in Betracht ziehst, ob er dies unterstützt.

# 2.3 Einnahmen über Partner (Affiliates)

Affiliate-Einnahmen sind eine Provision, die du erhältst, wenn du den Verkauf eines Produkts anderer unterstützt. Es gibt zwei Hauptarten, mit denen du Einnahmen generieren kannst:

- **Empfiehl Produkte und Dienstleistungen, die du persönlich nutzt** und die deiner Meinung nach für dein bestehendes Publikum nützlich sind. Du kannst die Informationen durch Blogposts, Artikel, Videos und Podcasts mit Affiliate-Links zu den Produkten teilen.

- Finde Produkte für eine Nischenzielgruppe und **kaufe Traffic**, um ihn an die Produktverkaufsseite zu senden. Das erfordert keine Etablierung eines Publikums im Voraus, allerdings dafür ein umfassendes Wissen über bezahlte Werbung.

Die erste Option ist eher eine langfristige Strategie und diejenige, die ich persönlich verwende. Ich empfehle nur Dinge, die meiner Meinung nach wirklich nützlich sind. Der bezahlte Traffic-Mechanismus kann jedoch auf ethisch einwandfreie Weise durchgeführt werden, insbesondere, wenn das Produkt von guter Qualität und für die Zielgruppe nützlich ist.

## Wie wird man Affiliate?

Für viele Websites und Produkte kannst du das einfach selbst einrichten und wirst automatisch freigegeben. Zum Beispiel:

**Amazon Associates** – für so ziemlich alles, was bei Amazon verkauft wird. Wenn du Links zu deinen Büchern auf deiner Website hast (und die solltest du haben!), ist das eine gute Möglichkeit, mit Affiliate-Marketing zu beginnen. Du erhältst etwas extra, wenn Menschen über deinen Link einkaufen, sowie einen Prozentsatz der anderen Produkte, die diese Menschen innerhalb von 24 Stunden kaufen. Du kannst dein bestehendes Amazon-Konto verwenden und dann deine Bücher suchen, den speziellen Link kopieren und ihn auf deiner Website verwenden. Du kannst auch eine Website wie Booklinker.net oder Books2Read.com verwenden, um einen Link zu erstellen, der für alle Einzelhändler funktioniert und Affiliate-Links enthält.

**Apple Affiliates** – für Apps, Bücher, Musik etc., die in iTunes, iBooks und App Stores verkauft werden. Wenn du zu deinen Büchern auf iBooks linkst, kannst du ebenso gut auch einen Affiliate-Link verwenden.

Für viele Produkte ist eine Einladung erforderlich, basierend auf Beziehungen in der Nische, die du bedienst. Du wirst eher angesprochen, wenn du messbaren Traffic in einem Blog, einem etablierten Podcast, ein Nischenpublikum, das die Leute erreichen wollen, und/oder eine umfangreiche E-Mail-Liste hast.

## Tipps für Affiliate-Verkäufe

### Schreibe einen Blogpost oder mache einen Podcast oder ein Video, das die nützlichsten Dinge des von dir empfohlenen Produkts oder Dienstes beschreibt

Zum Beispiel führte ich ein Interview mit Jim Kukral über den Autor Marketing Club, der ein Tool hat, das Autoren hilft, Rezensionen durch eine vereinfachtere Methode zu erhalten und Zeit und Energie zu sparen. Es ist ein nützliches Interview, das du unter www.TheCreativePenn.com/jim finden kannst.

### Halte ein kostenloses Webinar mit dem Anbieter des Produkts ab

Webinare sind kostenlose Live-Web-Events mit anschließend verfügbaren Wiederholungen. Stelle sicher, dass du viele gute Informationen gibst, die die Teilnehmer verwenden können, um ein bestimmtes Problem zu lösen. Dann gibst du am Ende einen Pitch für dein Produkt mit einem speziellen Angebot.

Webinare beinhalten Video, während Teleseminare nur Audio sind. Beide Optionen sind sehr beliebt und führen in der Regel zu guten Verkaufszahlen. Du kannst dir eine Wiederholung meines Webinars mit Nick Stephenson ansehen, in dem wir darlegen, wie du dein Autorenmarketing automatisieren kannst:

www.TheCreativePenn.com/nickjo

## Schließe deine Affiliate-Links in deinen E-Mail-Autoresponder ein

Dein Autoresponder ist die Reihe von E-Mails, die Abonnenten deiner Website erhalten, wenn sie sich für etwas anmelden, das sie haben wollen. Wenn du dich zum Beispiel für meinen Autoren-Blueprint unter www.TheCreativePenn.com/blueprint anmeldest, erhältst du nützliche E-Mails, Artikel und Videos, von denen einige Affiliate-Links für Produkte enthalten, die ich persönlich für nützlich halte.

## Erstelle ein Video-Tutorial

Zeige, wie Menschen das von dir empfohlene Produkt nutzen können. Ein Beispiel dafür ist mein eigenes kostenloses Video-Tutorial, wie du deine eigene Autorenwebsite in weniger als 30 Minuten erstellen kannst. Du findest es unter www.TheCreativePenn.com/authorwebsite.

## Erstelle eine Seite mit Tools oder Ressourcen

Füge dieser Seite Links zu allem hinzu, was du verwendest, damit alles zusammen an einer einzigen Stelle zu finden ist. Hier ist meine eigene Tools-Seite als Beispiel: www.TheCreativePenn.com/tools

## Mein übergreifender Tipp: Verhalte dich ethisch einwandfrei!

Es gibt viele Affiliate-Vermarkter, die sich nicht um ihren Ruf kümmern, aber für mich sind Vertrauen und Ruf viel wichtiger als schnelles Geld.

Die Menschen *wollen* Dinge kaufen, die ihnen helfen, nützlich sind oder sie unterhalten. Wenn wir vertrauenswürdige Berater sein können, die eine Menge von Möglichkeiten kuratieren, ist die Empfehlung von Affiliate-Produkten eine nützliche Sache und eine großartige Einnahmequelle.

# 2.4 Beratung oder Coaching

Wenn du regelmäßig Inhalte zu einem Thema produzierst, das informiert, inspiriert oder unterhält, wirst du Menschen anziehen, die für dein persönliches Fachwissen bezahlen wollen.

Eine der einfachsten Möglichkeiten, ein anfängliches Online-Einkommen zu erzielen, ist das Anbieten deiner Dienste. Du musst kein Buch schreiben oder Video- und Audiokenntnisse erwerben. Du kannst einfach eine Seite mit „Buche mich" oder „Arbeite mit mir" erstellen, dein Angebot erläutern und eine Schaltfläche für den sofortigen Kauf oder eine Anleitung hinzufügen, wie mit PayPal bezahlt werden kann.

Hier sind einige Tipps für Coaching und Beratungsdienste, die auf meinen eigenen Erfahrungen basieren:

## Mach dir klar, was genau du anbietest

Gib auf deiner Verkaufsseite an, was deine Sitzung beinhaltet und wie die Zahlung funktioniert. Ist es eine einmalige Sitzung oder eine Reihe von Sitzungen? Wie lange dauert jede Sitzung? Wird sie aufgezeichnet? Gibt es zusätzliche Komponenten? Wie hoch ist der Preis? Hier ist ein Beispiel für eine Coaching-Website von meinem Freund Mark McGuinness: www.LateralAction.com/coaching

## Füge deiner Verkaufsseite Testimonials hinzu

Arbeite kostenlos mit deinen ersten Kunden, dann bekommst du Testimonials von zufriedenen Kunden als Beweis dafür, dass du weißt, wovon du sprichst. Wenn du ein großartiges Angebot hast, wirst du im Laufe der Zeit auch Empfehlungen durch Mundpropaganda erhalten.

## Erhöhe deine Preise, wenn du mit Arbeit überhäuft wirst

Ich begann mit der Beratung zum Thema Self-Publishing vor ein paar Jahren zu einem recht niedrigen Stundensatz, aber als ich mich immer weiter profilierte und mein Kundenstamm wuchs, wurde es mir zu viel. Also erhöhte ich meine Preise im Laufe der Zeit. Ich berate inzwischen nicht mehr, aber dieses Prinzip ist eine gute Art sicherzustellen, dass du engagierte Kunden bekommst, die auch bereit sind, mit dir zu arbeiten.

## Verwende einen Fragebogen und lass den Kunden vor der Sitzung formulieren, was er möchte

Nach der Zahlung habe ich dem Kunden einen Fragebogen geschickt und mit den Antworten die Sitzung vorbereitet. Es ist wichtig herauszufinden, was der Kunde will, was er erwartet und wie du wertvolles Wissen vermitteln kannst, obwohl es auch gut ist, die Annahmen des Kunden zu hinterfragen.

Habe keine Angst, einen Kunden abzulehnen, wenn seine Wünsche nicht zu deinem Fachwissen passen. Empfiehl ihm dann jemand anderen, der ihn besser betreuen kann.

## Verwende Skype, um den Anruf als wertvolle Erfahrung aufzuzeichnen

Früher habe ich meine Beratung über Video-Skype durchgeführt. Das fügt dem Anruf einen persönlichen Aspekt hinzu und manchmal muss man die Körpersprache sehen, um wirklich zu verstehen, worum es geht. Du kannst dadurch auch eine echte Beziehung aufbauen.

Ich empfehle die Verwendung des eCamm Call Recorders für Mac, den ich immer noch für meine Podcast-Interviews verwende. Alternativ kannst du Pamela für den PC verwenden, um den Anruf aufzuzeichnen. Beide sind preiswert und du kannst dem Kunden anschließend eine Aufzeichnung des Anrufs sowie zusätzliche Notizen zusenden.

> Was kannst du in Bezug auf Coaching, Beratung oder andere Dienste anbieten?

# 2.5 Professionelles Reden

Wenn du regelmäßig qualitativ hochwertige Inhalte zu einem Thema produzierst, das bildet, inspiriert oder unterhält, wirst du wahrscheinlich auch gebeten, als Redner aufzutreten.

Ich habe mich bewusst bemüht, in das bezahlte professionelle Reden einzusteigen, als ich mein erstes Sachbuch schrieb, und es ist weiterhin ein wichtiger Teil meines Unternehmens. Die meisten Gelegenheiten, vor einer Gruppe zu sprechen, kommen heute durch meine Bücher, meinen Blog und meinen Podcast zu mir.

Ich weiß, dass nicht jeder vor anderen Menschen sprechen will, aber wenn man viel Zeit damit verbringt zu schreiben und dabei allein ist, kann es eine gute Gelegenheit sein, aus dem Haus zu kommen, Verbindungen zu knüpfen und seine Marke weiterzuverbreiten – und das kann sich sehr gut auszahlen.

Hier sind einige meiner wichtigsten Tipps zum Reden.

## Entscheide dich für eine Zielgruppe und ein Thema

Wenn du bereits ein Buch hast, bietet sich das Thema natürlich von selbst an; du kannst dann die möglichen Einzelheiten ausarbeiten. Du kannst dich auch für einen Zielmarkt entscheiden und einen Vortrag erstellen oder ein Buch schreiben, mit dem die gewünschte Gruppe gezielt angesprochen wird.

Sobald du einige Schlüsselthemen hast, kannst du

deine Präsentation an das jeweilige Publikum anpassen. Obwohl ich oft zu den gleichen globalen Themen spreche, ist keine Live-Präsentation wie die andere, da ich die Inhalte immer weiter optimiere, um sie für die Zuhörer spezifischer zu gestalten.

## Bezeichne dich selbst als Vortragsredner

Füge es deiner Visitenkarte hinzu und erstelle eine Seite für deine Vorträge auf deiner Website. Sie sollte zeigen, worüber du sprichst und wie du kontaktiert werden kannst, sowie Testimonials und bevorstehende Veranstaltungen enthalten.

Hier ist meine Rednerseite als Beispiel:

www.TheCreativePenn.com/speaking

## Beginne kostenlos als Redner und sammle Erfahrungen und Testimonials

Du kannst klein anfangen und mit der Zeit wachsen. Mein erster Vortrag im Jahr 2008 war vor einer Schriftstellergruppe in Brisbane, Australien, wo ich zum ersten Mal meine Geschichte vom Self-Publishing erzählte.

Im Jahr 2015 trat ich als Hauptrednerin auf einer Verlagskonferenz auf, in einem Ballsaal mit mehreren Hundert Personen, und im Oktober 2016 sprach ich auf der Bühne eines großen Theaters. Es braucht nur Zeit und Ausdauer, wie bei allem, was sich lohnt!

## Die Bezahlung

Wenn du mit dem Reden Geld verdienen willst, dann musst du dein Honorar festlegen, nachdem du eine bestimmte Zeit lang kostenlos gesprochen hast.

Ich liebe es, meine Leidenschaft zu teilen, aber ich habe eine wichtige Sache gelernt: Die Höhe deines Honorars wird vom Publikum bestimmt, zu dem du sprichst. Es liegt auf der Hand, dass der Auftritt als Hauptredner auf Unternehmenskonferenzen zum Thema Führung mehr kostet als das Reden vor einer Schriftstellergruppe zum Thema Self-Publishing.

## Verstehe und manage deine Angst

Die Wahrheit ist, dass so ziemlich alle Redner in irgendeiner Weise nervös werden, besonders wenn sie ständig nach neuen Erfahrungen suchen, die außerhalb ihrer Komfortzone liegen.

Zum Beispiel kann ich einen ganztägigen Workshop mit 30 Personen durchführen und nicht nervös sein. Ich kann auf einer Konferenz mit mehreren Hundert Teilnehmern als Hauptrednerin auftreten und keine Probleme haben. Aber bitte mich, aus einem meiner Romane vor einer Gruppe gleich welcher Größe zu lesen, und ich fühle mich vor Angst krank. Ich weiß, wie sich Angst anfühlt, und ich akzeptiere sie. Ich habe meine Rituale, um mit der Nervosität umzugehen, und du wirst sie auch entwickeln müssen.

## Übe dich und tritt einer professionellen Organisation bei, wenn du auf professionellem Niveau sprechen willst

Toastmasters ist großartig, um die Grundlagen zu lernen, aber wenn du ein bezahlter professioneller Redner sein willst, sieh dir die National Speakers Association in Amerika, die PSA in Großbritannien oder eine der anderen angeschlossenen Organisationen der Global Speakers Federation an.

> Du findest viel mehr Details über die Mentalität und die praktischen Aspekte des Redens in meinem Buch, *Public Speaking for Authors, Creatives and Other Introverts.*

# 2.6 Werbung und Sponsoring

Wenn du ein Publikum hast, werden die Leute wahrscheinlich an dich herantreten, um entweder auf deiner Website zu werben oder deine Inhalte fortlaufend zu sponsern.

Die Werbemöglichkeiten umfassen:

- **Bezahlte Werbung** – für eine Bannerwerbung in der Seitenleiste deiner Website, eine Erwähnung in deinem Newsletter oder in einem Video oder Podcast
- **Bezahlter Werbeartikel** oder Blogpost oder Video mit einem Produkt oder einer Dienstleistung
- **Werbung auf YouTube: D**as ist eher passive Werbung, da du die Anzeigen einschalten und wählen kannst, wann sie abgespielt werden, aber die Anzeigen selbst nicht auswählen kannst.

Die Hauptsache bei Werbung ist, dass **du für den Zugang zu der Gemeinschaft,** die du über die Zeit aufgebaut hast, **bezahlt wirst**. Dein Publikum vertraut dir, mache also nichts, womit du dieses Vertrauen gefährdest.

Im Laufe der Jahre wurde ich von Unternehmen angesprochen, die mir anboten, viel Geld für Leads zu zahlen, die ich aber aus ethischer Sicht nicht empfehlen kann. Meiner Meinung nach sind dein eigener Ruf und deine Ethik wichtiger als Geld und du musst vor allem dein Publikum respektieren.

Zu den Sponsoringmöglichkeiten gehören:

- **Laufendes Sponsoring durch ein Unternehmen,** was eine längere Beziehung bedeutet als einmalige Werbung. Zum Beispiel wird mein Podcast, was Hosting und Transkript angeht, von Kobo Writing Life gesponsert.
- **Laufendes Sponsoring deiner Community**. Das kann sich am meisten lohnen, da es tatsächlich von deiner Community stammt. Meine Zeit bei der Produktion des *The Creative Penn*-Podcasts wird von meinen Zuhörern auf Patreon gesponsert. Du erstellst ein Profil und mehrere Sponsoring-Ebenen – die meisten Leute zahlen zwischen 1 und 5 $ pro Sendung – und dann wird das Geld gesammelt und monatlich von PayPal versendet. Das ist eine wachsende Einnahmequelle für Indies, da die Akzeptanz dieser Art der Unterstützung zunimmt.

Wenn du mit Werbung und Sponsoring Geld verdienen willst:

## Entwickle ein Nischenpublikum und einen regelmäßigen Kommunikationskanal

Das kann ein YouTube-Kanal, ein textbasierter Blog, ein Podcast oder sogar eine Facebook-Seite, ein Twitter-Stream oder Instagram-Kanal sein. Patreon hat seine eigene Website, auf der du Belohnungen und Updates an Kunden versenden kannst.

## Miss die Größe deines Publikums

Halte die Statistiken bereit, um sie mit Unternehmen zu teilen, wenn diese mit dir Kontakt aufnehmen oder wenn du dich an sie wendest und einen Pitch hältst. Diese Statistiken beziehst du z. B. von Google Analytics für deinen Blog-Traffic, von deinem Hosting-Unternehmen für einen Podcast oder von deinem Newsletter-Provider für Größe deiner E-Mail-Liste.

## Lege deine Tarife fest

Es ist schwierig, zu entscheiden, wie viel du für die Werbung berechnen solltest, aber es basiert darauf, wie groß dein Publikum ist, gemessen am Traffic oder den Abrufen, wie lange das Sponsoring dauert und wie selbstbewusst du fragst. Es gibt online aufgelistete Branchentarife, die du als Einstieg verwenden kannst. Erhöhe deine Tarife, wenn dein Publikum wächst, und binde Sponsoren nicht zu lange an dich.

## Arbeite nur mit Unternehmen zusammen, die zu deinem Publikum passen und die du gerne unterstützt

Das schützt deinen Ruf und erfreut dein Publikum. Es garantiert aber auch, dass der Inserent dich weiterhin für den Zugang zu deinem Publikum bezahlt, da die Werbung tatsächlich Wirkung zeigt.

Das war für mich in den letzten Jahren eine wachsende Einnahmequelle, da mein Podcast-Publikum gewachsen ist.

## 2.7 Freiberuflich Schreiben

Freiberuflich Schreiben ist im Prinzip Schreiben für Leute, die dich engagiert haben. Du kannst für deren Websites, Zeitschriften, Zeitungen oder Bücher schreiben. Du wirst für die Wörteranzahl bezahlt und besitzt im Allgemeinen keine Rechte am fertigen Produkt.

Diese Art des Schreibens liegt als Möglichkeit nahe, um zusätzlich Geld zu verdienen, wenn man Schriftsteller ist, aber es ist nicht skalierbar und man kann dieses Geld nur einmal verdienen.

Wenn du freiberuflich schreibst, stelle sicher, dass du ein Gleichgewicht zwischen dem Schreiben für andere und dem Schreiben für dich selbst findest. Konzentriere dich weiterhin auf den Aufbau deiner eigenen Vermögenswerte, das Schreiben deiner eigenen Bücher und den Aufbau deiner eigenen Marke.

Hier sind einige Tipps für freiberufliches Schreiben, basierend auf Diskussionen mit Freunden, die damit ein angemessenes Einkommen generieren.

### Einen Plan erstellen

Freiberuflich Schreiben ist harte Arbeit und wenn du immer nur die niedrigsten Arbeiten für Content Farms machst und für die niedrigsten Preise Suchmaschinenfutter schreibst, bekommst du am Ende einen Burnout und hasst das Schreiben.

Also **recherchiere** die besten Möglichkeiten, nennenswertes Geld zu verdienen, lerne von erfolgreichen Freelancern, **mache einen Plan** und konzentriere dich dann auf die besser bezahlten Optionen. Bewirb dich nur für Arbeit, die zu deiner idealen Situation passt.

## Intelligenter, nicht härter arbeiten

Das Schreiben über die schwierigeren und tiefschürfenderen Themen bringt dir mehr Geld ein, als nur der Muse zu folgen. Es ist einfacher, ein paar größere, regelmäßige Kunden oder Verträge zu finden, als viele einzelne Aufträge anzunehmen. Genau zuhören, was der Kunde will, und ihm genau das liefern, klingt offensichtlich, aber viele Autoren tun das nicht.

## Den Überblick über Abgabetermine, Rechnungen und Zahlungen behalten und nach eindeutigen Allgemeinen Geschäftsbedingungen arbeiten

Wenn du gleichzeitig für viele Kunden arbeitest, ist es wirklich wichtig zu überprüfen, ob das Geld zu dem Zeitpunkt eingetroffen ist, an dem es überwiesen werden sollte, und rechtzeitig nachzufragen, wenn das nicht der Fall ist.

## Es gibt viele freiberufliche Autoren, die sehr gutes Geld verdienen, also unterschätze deine Fähigkeiten nicht

Nimm nicht am Rennen um den billigsten Preis teil, indem du auf Websites wie Upwork andere Menschen unterbietest. Dein Ziel ist es, dich von anderen abzuheben, damit du für Qualität stehst und zeigst, dass du das Geld wert bist.

Wenn du natürlich gerade erst anfängst, musst du vielleicht einige Arbeiten umsonst machen, um Vertrauen und Glaubwürdigkeit zu bekommen. Lass aber nicht zu, dass dies zu lange dauert!

## Deinen eigenen Blog schreiben

Mit Beispielen deiner Arbeit, die deine Kenntnisse und Erfahrung demonstrieren, kannst du Kunden gewinnen und musst ihnen nicht nachjagen. Du benötigst eine professionell aussehende Website, die Informationen über dich persönlich, deine Fähigkeiten, Angebote und Preise enthält.

## Beziehungen sind wirklich wichtig

Betrachte deine Beziehungen als soziales Karma und empfiehl anderen Leuten Jobs. Dann ist es wahrscheinlich, dass du dafür Empfehlungen zurückbekommst.

# 2.8 Allgemeine Tipps für Content-Marketing

In diesem Abschnitt spreche ich darüber, wie du durch Content-Marketing Menschen anziehen und Geld verdienen kannst – indem du kostenlos Bildung, Inspiration oder Unterhaltung zur Verfügung stellst, damit die Menschen deine Bücher, Produkte und Dienstleistungen kaufen. Du kannst Inhalte erstellen, um Kunden zu gewinnen, und es kostet dich nur Zeit, kein Geld.

Es gibt viele Möglichkeiten, Menschen durch bezahlte Werbung auf dich aufmerksam zu machen, und ich spreche darüber ausführlich in *How to Market a Book*.

Hier sind einige meiner wichtigsten Tipps für Content-Marketing, basierend auf meinen Erfahrungen in Blogging, Podcasting, Videos und Social Media in den letzten acht Jahren.

## Mach dir klar, warum du tust, was du tust

Viele Menschen beginnen einen Blog, einen Podcast, einen Videokanal oder ein Social-Media-Konto und fragen sich später, wie sie das „zu Geld machen" können. Wenn du über die folgenden Fragen nachdenkst, bevor du anfängst, profitierst du später davon:

- Welche Leute willst du anziehen?
- Wie kannst du ihnen Bildung, Inspiration, Unterhaltung bieten?

- Was sollen sie als Nächstes TUN, z. B. deine E-Mail-Liste abonnieren oder ein Produkt kaufen?
- Wie trägt das zu deinen Einnahmequellen oder deinen anderen Definitionen von Erfolg bei?
- Warum tust du dies alles?

## Vorbilder finden

Wir alle beginnen ohne Kenntnisse und wir lernen von den Menschen, die uns unterwegs begegnen und die uns sympathisch sind. Ich habe mich bei der Gestaltung meiner Website im Laufe der Jahre von erfolgreichen Bloggern und Autoren mit fantastischen Unternehmen inspirieren lassen.

Abonniere also Blogs, Podcasts oder Videos, die dir gefallen. Überlege, warum du dich von ihnen angezogen fühlst, wie die beteiligten Personen ihr Publikum ansprechen, wie sie ihren Lebensunterhalt verdienen und was dir gefällt oder nicht.

Finde heraus, wie es zu dem passt, was du tust. Schreibe deine Gedanken auf und lass daraus neue Ideen entstehen.

## Wenn du es wirklich ernst meinst, musst du deine eigene Website besitzen

Viele Leute beginnen mit kostenlosen Websites wie auf Wordpress.com oder Blogger.com, aber dort wirst du bald auf Probleme und Einschränkungen stoßen.

Außerdem ist eine kostenlose Website letztendlich nicht unter deiner Kontrolle und kann jederzeit abgeschaltet werden. Dasselbe gilt, wenn du deine Plattform auf Facebook oder anderen Websites aufbaust, die dir nicht gehören. Dinge können sich ändern und du kannst nichts dagegen tun.

Aber die Einrichtung einer eigenen Website ist heutzutage einfach und günstig.

> Sieh dir mein Video-Tutorial mit Schritt-für-Schritt-Anleitungen an, wie du deine eigene Website in weniger als 30 Minuten erstellen kannst:
>
> www.TheCreativePenn.com/authorwebsite

## Design für mobile und einfache Bedienung

Stelle sicher, dass das Design deiner Website für mobile Endgeräte optimiert ist, da Google Websites in der Suchmaschine bestraft, wenn sie nicht mobil-optimiert sind. Verwende viel Leerraum und Zwischenüberschriften in deinen Artikeln, um das Überfliegen zu erleichtern.

## Deine eigene E-Mail-Liste generieren

Verschenke etwas von Wert, das die Menschen tatsächlich haben wollen, entweder ein kostenloses Buch oder eine Videoserie.

Kommuniziere regelmäßig mit den Leuten auf deiner Liste und biete ihnen Bildung, Inspiration oder Unterhaltung, die mit deiner Marke im Einklang stehen. Wenn du eine Liste von Menschen generieren kannst, die deine E-Mails öffnen und gerne von dir hören, dann kannst du auf diese Weise definitiv deinen Lebensunterhalt verdienen.

## Außergewöhnliche Inhalte kreieren

Es gibt genug Mist im Internet, stelle daher sicher, dass deine Produkte authentisch sind. Es muss kein originelles Thema sein, aber es muss deine Meinung widerspiegeln. Es gibt Autoren, die jeden Tag neuen Inhalt produzieren, während andere sporadisch große, gehaltvolle Artikel schreiben und damit sehr gut verdienen. Es gibt keine Regeln.

## Sei persönlich und authentisch

Teile deine Persönlichkeit und deine Geschichte. Mehr als alles andere sehnen sich die Menschen nach einer Verbindung und ich habe festgestellt, dass mein Inhalt umso mehr Anklang bei den Leuten findet, je persönlicher ich bin.

Ich selbst habe mich im Laufe der Jahre von Blogs und Podcasts abgemeldet, die keine echte Persönlichkeit besitzen. Diejenigen, bei denen ich geblieben bin, die Menschen, deren Bücher ich vorbestelle und unterstütze, diejenigen, deren Podcasts ich unbedingt anhören muss, das sind diejenigen, die ich zu kennen glaube. Das ist das Modell, das ich versuche, selbst zu verwenden, und ich teile meine Misserfolge genauso wie meine Erfolge.

## Gezielt Inhalt innerhalb deiner Nische erstellen

Das kann tatsächlich im Widerspruch zum letzten Punkt stehen! Ich sehe es als authentisches Teilen, aber innerhalb der Grenzen dessen, wofür dein Publikum da ist.

Auch wenn es bei meiner Website, The Creative Penn, um mich und meine Reise als Autor geht, teile ich nicht alles über mein Leben, es sei denn, es bezieht sich in irgendeiner Weise auf mein Publikum. Ich konzentriere mich auf der Website auf Schreiben, Kreativität, Publizieren, Buchmarketing und Unternehmertum, denn das ist mein Versprechen an das Publikum unter dieser Marke.

Auf meiner Belletristikwebsite, JFPenn.com, spreche ich *nicht* über Verlagswesen oder Buchmarketing, weil das meine Leser nicht interessiert. Stattdessen erzähle ich, wie ich für meine Bücher recherchiere, und teile Bilder von meinen Reisen.

## Finde ein Gleichgewicht zwischen Konsum und Kreation, damit dir nie die Ideen ausgehen

Wenn du ein Buch liest, nimm die Gedanken, die du dabei hattest, und schreibe eine Buchrezension oder einen Artikel darüber, was du gelernt hast. Du kannst auch in eine Kunstgalerie gehen und etwas darüber schreiben.

Du musst konsumieren, um den Kreativbrunnen mit neuen Ideen zu füllen, aber du musst auch kreieren, sonst wirst du nichts verkaufen oder online teilen können.

## Mach dir deutlich, dass Copywriting und Schreiben von Büchern nicht dasselbe sind

Wenn du ein fantastischer Belletristikautor bist, bedeutet das nicht, dass du sofort ein großartiger Blogger sein wirst. Der Schwerpunkt des Copywriting liegt darin, Menschen zum Handeln zu bewegen, während es beim Schreiben von Büchern in der Regel um den passiven Konsum des Empfängers geht. Du musst die Psychologie der menschlichen Aufmerksamkeit verstehen, wie Menschen nach dem suchen, was sie wollen, wie Überschriften funktionieren und vieles mehr. Ich empfehle Copyblogger.com für interessante Infos über dieses Thema.

## Frei mit anderen verlinken und Traffic teilen

Großzügigkeit und soziales Karma treiben die Online-Welt an, zumindest nach meiner Erfahrung! Es geht darum, innerhalb von Blogposts und Social Media andere zu verlinken. Das ermöglicht eine stärkere Verbindung zu deinen Kollegen, die dich im Gegenzug ebenfalls zitieren können. Es gibt dir auch Glaubwürdigkeit als eine gute Quelle für zuverlässige Informationen. Auf diese Weise nutze ich Twitter seit Jahren, wobei ein großer Teil meiner Tweets die Inhalte anderer Leute teilt.

## Bilder und visuelle Medien verwenden

Das Internet ist ein viel befahrenes Netz mit vielen Optionen, die um Aufmerksamkeit kämpfen, aber ein starkes Bild kann den Lärm übertönen. Es gibt viele Möglichkeiten bei lizenzfreien Bildern; du kannst auch Canva.com verwenden und damit tolle Bilder für deine Website und Social Media erstellen, um deine Inhalte besser zugänglich zu machen und teilen zu können. Videos können das noch übertreffen und deine Worte mit deinem Lächeln und deiner Persönlichkeit zum Leben erwecken.

## Kommentare oder nicht?

Die Anzahl der Kommentare zu einem Blogpost war früher ein guter Maßstab für das Engagement, aber durch Social Media kann das Gespräch auch anderswo stattfinden. Es ist heutzutage weitaus wahrscheinlicher, dass ich Beiträge und Kommentare über Twitter teile als unter einem Blog. Ich habe die Kommentarfunktion noch auf TheCreativePenn.com, aber auf JFPenn.com habe ich sie deaktiviert.

## Lass es sein, wenn es nicht funktioniert

Ich habe in den letzten sechs Jahren fünf verschiedene Blogs angefangen und nur zwei davon behalten: TheCreativePenn.com und JFPenn.com.

Die anderen „lebten" drei bis sechs Monate und ich hörte damit auf, weil mir die Themen ausgingen und ich mich einfach nicht leidenschaftlich genug mit den Themen beschäftigte, um weiterhin darüber zu schreiben.

Mehrere Blogs können viel Zeit in Anspruch nehmen,

daher empfehle ich nur dann mehr als eine Website für regelmäßige Inhalte, wenn du ein klar definiertes, getrenntes Publikum hast.

## Lass dir Zeit!

Ich habe TheCreativePenn.com im Dezember 2008 gegründet und es dauerte etwa vier Monate, in denen ich alle zwei Tage einen Blogpost schrieb, bevor ich Traffic oder Kommentare sah, und etwa sechs weitere Monate, bevor ich das Gefühl hatte, dass der Blog etwas zu sagen hatte.

Aber 2010 wurde die Website von Problogger zu einem der 30 besten Blogs ernannt, die man beobachten sollte, und seit 2012 befindet er sich jedes Jahr in der Liste der besten Blogs für Autoren und Selbstverleger.

Zeit im Markt und Konsistenz sind entscheidend, egal ob es sich um das Schreiben deiner Bücher, Blogging, Videos oder Podcasts handelt. Je länger du dich engagierst, desto mehr verstärkt es sich und desto besser sind die Ergebnisse.

Dies ist nur der Anfang, aber wenn du mehr über Marketing wissen möchtest, lies mein Buch zu dem Thema, *How to Market a Book*, das als Printbuch, E-Book und Hörbuch erhältlich ist.

# Der Übergang und deine nächsten Schritte

Dieses Buch hat dir viele Möglichkeiten aufgezeigt, aber jetzt bist du an der Reihe. Hier folgen einige überschaubare Schritte, wie du den Übergang schaffst, um mit deiner Schriftstellerei deinen Lebensunterhalt zu verdienen.

## (1) Fang damit an, regelmäßig für die Öffentlichkeit zu schreiben

Dies ist kein Tagebuch und du schreibst nicht nur zum Spaß. Du schreibst Inhalt, den die Leute tatsächlich lesen.

Das könnte regelmäßiges Bloggen auf deiner eigenen Website, das Posten von Kapiteln auf Wattpad, Gastblogging oder das Schreiben eines Buches zur Veröffentlichung sein, das du einem Lektor schickst.

**Setze dir Fristen** und teile dein geschriebenes Werk mit der Welt, denn du musst dich daran gewöhnen, gelesen zu werden.

Ja, es ist für uns alle beängstigend. Das muss man überwinden, wenn man auf diese Weise seinen Lebensunterhalt verdienen will.

Indem du das tust, beweist du dir selbst, dass du nach einem Zeitplan schreiben kannst, dass die Leute lesen, was du schreibst, und dass du Feedback akzeptieren kannst. Du wirst anfangen, deine Stimme und deinen eigenen Stil zu entwickeln. Du wirst dich auch beim Teilen mehr entspannen und lernen, indem du es tust.

## (2) Entscheide, was dein Fokus ist, und finde Menschen, die du dir zum Vorbild nehmen willst

Bevor du anfängst, verbringe wirklich einige Zeit damit, über deine Definition von Erfolg nachzudenken, darüber, was du erschaffen willst und wie du mit deiner Schriftstellerei deinen Lebensunterhalt verdienen willst.

Finde Menschen, die ein Einkommen erzielen, indem sie genau das tun, was du selbst tun willst, und lass dich von ihnen inspirieren. Ich bin nur ein Beispiel, aber es gibt viele andere, die du als Vorbild nehmen kannst. Es gibt so viele Möglichkeiten, wie es Menschen gibt! Du wirst online deine eigenen Vorbilder finden und viele von ihnen haben Blogs oder schreiben in Foren oder beantworten Fragen per E-Mail.

Lies, was sie geschrieben haben. Kaufe ihre Bücher und Kurse. Respektiere ihre Zeit und stelle erst dann intelligente Fragen, wenn du ihr ganzes Material durchgegangen bist.

### Kuratiere die Meinungen, denen du vertraust, mit Sorgfalt

Höre nicht auf Menschen, die ihren Lebensunterhalt NICHT so verdienen, wie du es willst. Zum Beispiel kann ein Lektor, der für ein Festgehalt in einem Verlag arbeitet, keine wirkliche Perspektive dazu haben, was nötig ist, als Schriftsteller den Lebensunterhalt zu verdienen. Er kann dir sagen, was sein Verlag veröffentlichen will, aber er kann dir nicht raten, wie du dein Podcast-Publikum in Gang bringen oder als Indie-Autor mehr Bücher verkaufen kannst.

## (3) Bereite etwas zum Verkauf vor – und verkaufe es dann tatsächlich

Das könnte ein E-Book oder ein Kurs oder der Verkauf deiner eigenen Dienste sein, alles, um zu beweisen, dass du etwas Einkommen mit deiner Schreiberei generieren kannst. Deine ersten 10 € werden deine Denkweise verändern und beweisen, dass du verkaufen kannst. Du lernst es, während du es tust, und dein Selbstvertrauen wächst, weil du entdeckst, dass du auf andere Weise Geld verdienen kannst.

Verwende die Optionen in Teil 1 und 2 für Ideen, mit denen du beginnen kannst. Setze dir eine Frist, bis zu der du etwas zum Verkauf anbieten kannst. Das ist wichtig, da so viele Menschen nicht das erreichen, was sie wollen, weil sie es versäumen, einen Zeitrahmen zu erstellen. Fordere dich heraus, sage andere Pläne ab und KONZENTRIERE DICH auf dein Ziel.

## (4) Vergrößere dein Publikum

Baue deine E-Mail-Liste im Laufe der Zeit auf und aus, damit du Leute hast, die an dem interessiert sind, was du machst. Um das zu erreichen, benötigst du eine professionelle Website und einen Newsletter- und E-Mail-Marketing-Service wie ConvertKit oder Mailchimp. Hier heißt es wieder, lernen, indem du es tust! Es ist für die Langlebigkeit deines Unternehmens wesentlich, dass du eine Liste von Personen hast, die bereit sind, von dir zu kaufen. Wie sonst kannst du dein Einkommen für die Zukunft sichern?

Sobald du diese Grundlagen hast, bist du zur Skalierung bereit.

## (5) Steigere die Anzahl der Produkte, die du verkaufst

Sobald du das Konzept bewiesen hast, kannst du deine Verkäufe erweitern.

Das können mehr Bücher, Kurse, Audioprodukte, Reden oder vielleicht das Hinzufügen von Affiliate-Verkäufen zum Gesamtmix sein. Du wirst feststellen, dass du, sobald du 100 € mit diesen Methoden verdient hast, dir auch vorstellen kannst, 1.000 € und dann 10.000 € auf die gleiche Weise zu verdienen. Natürlich nur, wenn du dich langfristig bindest.

## (6) Arbeite einen Plan aus, um dein Einkommen auf Schreiben als Vollzeitbeschäftigung umzustellen

Ich empfehle dir nicht, morgen deinen Hauptberuf aufzugeben und zu versuchen, sofort von deiner Schriftstellerei zu leben. Für die meisten von uns ist es eher eine langsame Wachstumskurve.

Beginne mit dem Vorhaben, 10 % deines monatlichen Einkommens durch Schreiben zu ersetzen.

Schreibe auf, was das für dich heißt.

Mach dich ans Rechnen.

Wenn du 2 € Gewinn aus dem Verkauf eines selbst veröffentlichten Buches machen kannst, wie viele Bücher musst du in einem Monat verkaufen, um dein Ziel zu erreichen? Die Zahl könnte zu hoch sein, wenn du nur ein Buch hast, aber was ist, wenn du drei Bücher oder fünf Bücher hast?

Wenn du andere Einnahmequellen in Betracht ziehst, mach dafür dann die gleiche Berechnung. Wenn du zum Beispiel einen Podcast hast, der dir 50 € pro Sendung in Form von Sponsoring einbringt, wie viele Episoden würdest du benötigen, um deine Einkommensziele zu erreichen? Wie viele Zuhörer brauchst du, um diese Art von Sponsoring zu gewinnen?

Sobald du diese 10 % erreicht hast, kannst du einen Plan für dein weiteres Vorgehen machen. Als ich diesen Punkt erreichte, traf ich die Entscheidung, in meinem Brotberuf auf vier Tage pro Woche umzusteigen, damit ich meine Schriftstellerei auf ein höheres Niveau bringen konnte. Es dauerte fast vier Jahre mit Teilzeitarbeit, um mein Einkommen so weit zu steigern, dass ich den Brotberuf im September 2011 endlich aufgeben konnte. Die Zeit vergeht wie im Flug!

## (7) Höre auf, es hinauszuschieben, und tu es

Ich bekam neulich eine E-Mail von einer Dame, die ich in Australien kennengelernt hatte. Wir beide hatten 2010 den Kurs „Year of the Novel“ an der Queensland Library in Brisbane besucht. Ich arbeitete an *Stone of Fire* mit dem damaligen Titel *Pentecost* und sie arbeitete an ihrem ersten

Roman. In der E-Mail bemerkte sie, dass sie *immer noch* an diesem ersten Buch arbeitete, während ich bereits meinen dreizehnten Roman schrieb. Sie fragte sich, wie ich es geschafft hatte, in so kurzer Zeit so viel zu erreichen.

Nun, um ehrlich zu sein, es gibt kein Geheimnis und wir alle haben gleich viel Zeit zur Verfügung.

## Wir bekommen, worauf wir uns konzentrieren

Der Unterschied ist, dass ich es wirklich will. Ich bemühe mich, jeden Tag eine bessere Schriftstellerin zu werden und Bücher zu veröffentlichen, die unterhalten, bilden und inspirieren. Ich fülle jeden Tag Seiten mit Worten und das Schreiben ist für mich meine Karriere, mein Hobby, meine Leidenschaft und mein Leben.

Wenn du das Gleiche fühlst und bereit bist, die Zeit zu investieren, kannst auch du mit deiner Schriftstellerei deinen Lebensunterhalt verdienen.

**Jetzt bist du an der Reihe. Fang an zu schreiben!**

# Benötigst du mehr Hilfe?

Wenn du dir mehr Hilfe auf deinem Weg zum erfolgreichen unabhängigen Autor wünschst, helfen dir vielleicht folgende Ressourcen:

## (1) Lade dir meinen kostenlosen Author Blueprint und den Mini-Kurs herunter

Das kostenlose E-Book und der Mini-Kurs (beide in englischer Sprache) führen dich durch das Schreiben von Romanen und Sachbüchern sowie durch alle Aspekte des Self-Publishings und Buchmarketings.

www.TheCreativePenn.com/blueprint

## (2) Abonniere den kostenlosen wöchentlichen Podcast von The Creative Penn

Jeden Montag interviewe ich im *The Creative Penn*-Podcast Autoren und Fachleute zu den Themen Schreibhandwerk, Verlagswesen, Buchmarketing und kreatives Unternehmertum.

www.TheCreativePenn.com/podcast

## (3) Sieh dir meine anderen Bücher für Autoren an

Ich habe einige andere Bücher, die hilfreich sein könnten. Sie sind in allen großen Online-Buchhandlungen als Printbuch, E-Book und oft auch als Hörbuch erhältlich.

www.TheCreativePenn.com/books

- How to Market a Book
- How to Make a Living with Your Writing
- The Successful Author Mindset
- Business for Authors: How to be an Author Entrepreneur
- How to Write Non-Fiction
- The Healthy Writer
- Public Speaking for Authors, Creatives and Other Introverts
- Co-Writing a Book: Collaboration and Co-Creation for Writers
- Career Change: Stop hating your job, discover what you really want to do and start doing it!

## Auf Deutsch erhältlich:

- Geld verdienen mit Schreiben: Wie du ein erfolgreiches Autoren-Business aufbaust
- Mindset für Autoren: Mit Schreibblockaden, Ängsten und Selbstzweifeln umgehen
- Erfolgreich als Self-Publisher: Ebooks, Print- und Hörbücher selbst publizieren und vermarkten

## (4) Sieh dir meine Kurse für Autoren an

Wenn du dein Wissen noch weiter vertiefen möchtest, sieh dir meine Kurse für Autoren an, darunter *How to Write a Novel*, *How to Write Non-Fiction*, *Productivity for Authors*, *Content Marketing for Fiction* und mehr.

www.TheCreativePenn.com/learn

# Anhang

## Deutsche Dienstleister für Self-Publisher (Lektorat/Korrektorat, Coverdesign, Buchsatz etc.):

www.selfpublishingmarkt.de

mein-buchprojekt.de

www.autorenwelt.de/verzeichnis/menschen

www.lektorat.de

qindie.de/qindie-partner

www.vfll.de/lektor-in-finden

## Hörbuchproduktion:

**Liberaudio**: liberaudio.de

**Buchsprecher:** www.buchsprecher.de

**Lausch Medien**: merlausch.de/mein-hoerbuch

## Software/Tools:

**Papyrus Autor (Schreibsoftware):** www.papyrus.de

**Buchsatz:** schreibblogg.de/spbuchsatz

**E-Book-Konvertierung:** www.jutoh.com

**eBook WaterMark** (zum Schutz vor Raubkopien): www.ebookwm.de

**Vellum:** www.TheCreativePenn.com/vellum

## E-Book-Distributoren und Print-on-Demand-Anbieter:

Distributoren beliefern mehrere Kanäle (Shops) mit deinen Büchern, behalten dafür aber in der Regel einen Anteil des Verkaufserlöses. Einige dieser deutschen Anbieter liefern sowohl E-Books als auch Printbücher (und zum Teil auch andere Formate) und sind damit sowohl Distributor als auch Print-on-Demand-Dienstleister:

**ePubli:** www.epubli.de

**Xinxii:** www.xinxii.de

**Bookrix:** www.bookrix.de

**Neobooks:** www.neobooks.de

**Feiyr:** www.feiyr.com

**Tredition:** www.tredition.de

**BoD:** www.bod.de

**Libreka:** www.libreka.de

**Twentysix:** www.twentysix.de

**Bookmundo:** www.bookmundo.de

## Buch-Werbeseiten:

Auf diesen Websites kannst du z. B. Anzeigen schalten oder dein Buch in deren Newsletter bewerben lassen.

**Xtme** www.xtme.de

**Buchregen** www.buchregen.de

**Buchdeals** www.buchdeals.de

**BestEbookFinder** www.bestebookfinder.de

**BuchFans** www.buchfans.com

**Ebook-Rabatte** www.ebook-rabatte.de

**Ebooks-Unlimited** www.e-books-unlimited.de

**Ebook-Vermarkten** www.ebook-vermarkten.de

**Ebook-Watcher** www.ebookwatcher.de

**KindofBook** de.kindofbook.com

**Ebook-Ninja** ebookninja.de

**Schnulze der Woche** schnulze-der-woche.de

**Buchcover bewerten:** www.cover-bewerten.de

## Deutsche Blogs und Websites für weitere Informationen:

**Selfpublisher-Bibel**: www.selfpublisherbibel.de

**Tolino Media:** blog.tolino-media.de

**BoD**: www.bod.de/fingerprint

**Buchmarketing**: www.buchvermarktung.de/blog

**Autorenwelt:** www.autorenwelt.de/blog (hier findest du auch das erste Selfpublishing-Magazin in Deutschland – *Der Selfpublisher*)

**AuthorWing –** Community aus Autoren, die Jungautoren auf ihrem Weg zum ersten Buch unterstützt: authorwing.de

**Autor werden:** autorwerden.net

**German Speakers Association – Berufsverband professioneller Redner**: germanspeakers.org

**Informationen zur Buchpreisbindung:** www.selfpublisherbibel.de/autoren-tipp-was-das-preisbindungsgesetz-verbietet-und-was-nicht/

**Informationen zum DSGVO-Kopplungsverbot:** www.datenschutzbeauftragter-dsgvo.com/dsgvo-kopplungsverbot-was-ist-das-compliance/

## Verbände/Netzwerke:

**Deutscher Selfpublishing-Verband**: www.selfpublisher-verband.de

**Qindie:** qindie.de

## Social-Reading-Plattformen:

Social-Reading-Plattformen bieten Lesern die Möglichkeit, sich mit anderen Lesern und Autoren zu vernetzen und über Bücher auszutauschen. Auf manchen von ihnen können Autoren ihre Bücher auch direkt bewerben oder Rezensionsexemplare verschenken.

**Lovelybooks:** www.lovelybooks.de

**Goodreads:** www.goodreads.com

**Watchareadin:** www.whatchareadin.de

**WasLiestDu:** www.wasliestdu.de

**Vorablesen:** www.vorablesen.de

**NetGalley:** www.netgalley.de

# Über Joanna Penn

Joanna Penn, die auch als J. F. Penn schreibt, ist eine *New York Times*- und *USA Today*-Bestsellerautorin von Thrillern und Dark Fantasy und verfasst inspirierende Sachbücher für Autoren.

Sie ist eine internationale Speakerin, Podcasterin und preisgekrönte Unternehmerin. Sie lebt mit ihrem Mann in Bath in England und genießt gerne mal ein Glas Gin Tonic.

Joannas preisgekrönte Website für Autoren, www.TheCreativePenn.com, hilft Menschen durch Artikel, Audio-, Video- und Online-Produkte sowie Live-Workshops, ihre Bücher zu schreiben, zu veröffentlichen und zu vermarkten.

Liebst du Thriller? www.JFPenn.com

Liebst du Reisen? www.BooksAndTravel.page

## Finde Joanna auf:

www.TheCreativePenn.com
joanna@TheCreativePenn.com
www.twitter.com/thecreativepenn
www.facebook.com/TheCreativePenn
www.Instagram.com/jfpennauthor
www.youtube.com/thecreativepenn

# Weitere Bücher und Kurse von Joanna Penn

## Sachbücher für Autoren

How to Market a Book; Third Edition

How to Make a Living with your Writing

Business for Authors:
How to be an Author Entrepreneur

Successful Self-Publishing

The Successful Author Mindset

The Healthy Writer

Co-writing a Book: Collaboration
and Co-creation for Writers

Public Speaking for Authors,
Creatives and Other Introverts

Career Change: Stop Hating your Job, Discover What you
Really Want to do and Start Doing it!

## Auf Deutsch erhältlich:

Geld verdienen mit Schreiben

Mindset für Autoren

Erfolgreich als Self-Publisher

## Thriller als J. F. Penn

Die Verschwörungsthriller-Serie ARKANE:
Stone of Fire #1
Crypt of Bone #2
Ark of Blood #3
One Day In Budapest #4
Day of the Vikings #5
Gates of Hell #6
One Day in New York #7
Destroyer of Worlds #8
End of Days #9
Valley of Dry Bones #10

Wenn du **Thriller mit einem Hauch des Übernatürlichen** magst, folge Detective Jamie Brooke und dem Museumsforscher Blake Daniel in der London-Crime-Thriller-Trilogie:
Desecration #1
Delirium #2
Deviance #3

Wenn du **Dark Fantasy** magst, schau mal hier rein:

Map of Shadows - Mapwalker #1
Map of Plagues - Mapwalker #2

Risen Gods

The Dark Queen: An Archaeological Short Story

A Thousand Fiendish Angels:
Short stories based on Dante's Inferno

* * *

Weitere Bücher folgen in Kürze.

Du kannst dich in meinen Newsletter eintragen, um über Neuerscheinungen, Verschenkaktionen und Pre-Release-Specials informiert zu werden – und du erhältst ein kostenloses Buch!

www.JFPenn.com/free

# Danksagungen

Allen, die an meinen Live-Seminaren über *How to Make a Living with your Writing* teilgenommen haben, danke ich herzlich. Eure begeisterte Teilnahme hat mich ermutigt, zumindest einen Teil des Tages in diesem Buch zusammenzufassen.

Ich bedanke mich bei Liz Dexter von Libro Editing für das stilistische Lektorat und bei meinen Betalesern Dan Holloway, Clare Lydon und Alexandra Amor.

Ich danke Jane Dixon Smith von JD Smith Design für das Coverdesign und die Formatierung des Innendrucks.

Vielen Dank an Gaby Van Halteren für ihre Hilfe beim Lektorat der deutschen Übersetzung.

Mein Dank gilt Anja Ritter für ihre Hilfe bei der Übersetzung, Überarbeitung und Veröffentlichung der deutschen Ausgabe.

Ebenfalls bedanke ich mich bei meinen deutschen Betalesern für ihr hilfreiches Feedback: Katherine Read, Angela Zigann, Maria Bleckmann und Julia Meder.

Printed in Poland
by Amazon Fulfillment
Poland Sp. z o.o., Wrocław

59230805R00092